Elke Pistor

111 Katzen, die man kennen sollte

emons:

*Für Jessy, Charla, Heini, Kimmi, Herbert,
Herr Bert, Hermine, Steffi, Jones, Kai-Günther
und Fritzi – auch wenn sie ein Dackel war*

Bibliografische Information der Deutschen Nationalbibliothek
Die Deutsche Nationalbibliothek verzeichnet diese Publikation
in der Deutschen Nationalbibliografie; detaillierte bibliografische
Daten sind im Internet über http://dnb.d-nb.de abrufbar.

© Emons Verlag GmbH
Alle Rechte vorbehalten
© der Fotografien: siehe Bildnachweis Seite 233–237
© Covermotiv: bloodua/Depositphotos.com, kavita/Depositphotos.com,
khorzhevska/Depositphotos.com, lifeonwhite/Depositphotos.com,
vichly/Depositphotos.com, shutterstock.com/Sharon Alexander,
shutterstock.com/Utekhina Anna,
Pelle – Mats Fromme – mit freundlicher Genehmigung
Garfield – © 2016 PAWS, INCORPORATED. ALL RIGHTS RESERVED.
»GARFIELD« and the »GARFIELD Charakters are trademarks of Paws, inc.
Layout: Eva Kraskes, nach einem Konzept von Lübbeke | Naumann | Thoben
Druck und Bindung: B.O.S.S Medien GmbH, Goch
Printed in Germany 2016
ISBN 978-3-95451-830-2
Originalausgabe

Unser Newsletter informiert Sie
regelmäßig über Neues von emons:
Kostenlos bestellen unter
www.emons-verlag.de

Vorwort

Warum schreibt man ein Buch über 111 Katzen, die man kennen sollte? Weil man nichts Besseres zu tun hat, oder weil man ganz einfach ein bisschen verrückt ist? Ersteres kann ich für mich definitiv ausschließen – das Krimischreiben macht eigentlich genug Arbeit. Aber ich muss gestehen: Ja, ich bin verrückt. Katzenverrückt. Und das nicht nur ein bisschen. Seit mehr als 25 Jahren war ich nur eine Woche lang »ohne«. Mal bis zu vier, mal war es nur eine.

Ich liebe Katzen. Sie sind faszinierend, schrecklich, elegant, tollpatschig, energiegeladen, faul, hoch konzentriert, entspannt, liebevoll, einzigartig, verschmust, kratzbürstig, treu, unabhängig, intelligent und stur. Kurz, sie sind wunderbar.

Die Recherchen haben mich – zumindest virtuell – um die ganze Welt geführt. Europa, Amerika, Asien, Afrika. Überall sind sie zu finden. Katzen und »ihre« Menschen. Aber nicht überall geht es ihnen gut. Auch hier in Deutschland leben unzählige Straßenkatzen unter furchtbaren Bedingungen.

Deswegen wird ein Teil des Bucherlöses an den Katzenschutzbund Köln e. V. gespendet. Mit dem Geld werden Kastrationen wild lebender Katzen finanziert und private Pflegestellen unterstützt.

Die Bildrechte an den Fotos in diesem Buch sind zum größten Teil ebenfalls für diese gute Sache gespendet worden. Dafür danke ich allen – vom berühmten Zeichner über Autorenkollegen, Künstlern, Museumskuratoren, Tierschützern bis hin zum Profifotografen und allen anderen, die das Glück haben, ihr Leben mit einer ganz besonderen Katze zu teilen.

Und egal, ob Ihnen selbst die Gunst einer Samtpfote zuteilwird oder ob Sie einfach nur von ihnen begeistert sind: Ich wünsche Ihnen ein schnurriges Lesevergnügen mit jeder der 111 Katzen, die man kennen sollte.

Miau.
Elke Pistor

111 Katzen

1. Acater
   Retter aus der Hungersnot | 10
2. Ahmedabad
   Ein Katzenname macht Politik | 12
3. Aoshima
   Die Insel der Katzen | 14
4. Armellino
   Ein Bild von einem Kater | 16
5. Azraël
   Alptraum aller Schlümpfe | 18
6. Bastet
   Die Katzenfrau ist eine Göttin | 20
7. Blau Miau
   Sie macht den Menschen zur Maus | 22
8. Bob der Streuner
   Have you seen the streetcat, who walks the streets of London | 24
9. BUB
   Kleine Katze – große Wirkung | 26
10. Bygul und Trjegul
    Freya, spann die Katzen an | 28
11. Cat o'nine tails
    Die neunschwänzige Katze | 30
12. Catwoman
    »Tritt nie wieder die Katze, Stan. Niemals.« | 32
13. CC – Copy Cat
    Das doppelte Kätzchen | 34
14. Chat Noir
    Die schwarze Katze von Montmartre | 36
15. Chico
    Eine heimliche Liebe | 38
16. Choupette Lagerfeld
    Die Greta Garbo unter den Katzen … | 40
17. Commissaire Mazan
    Katzen, Krimis, Kommissare | 42
18. Delilah
    Wenn du über mein Chippendale-Sofa pinkelst | 44

19 Dewey Readmorebooks
Ein Bücherreich für einen Kater | 46

20 Dinah
Die im Dunkeln sieht man nicht | 48

21 Duetto buffo di due gatti
oder: Die geklaute Katzenmusik | 50

22 El gato muerto
Die Katze, die Lima lahmlegte | 52

23 Emil, der rote Kater
Der Campingkater | 54

24 Emissary Cats
Abgesandte Katzen | 56

25 Europäische Wildkatze
Scheue Schönheit im dunklen Wald | 58

26 Félicette
Die erste Katze im Weltraum | 60

27 Felis
Die Laland'sche Himmelskatze | 62

28 Felix
Ein Kater hat Heimweh | 64

29 Felix the Cat
Urvater aller Katzencomics | 66

30 Felix wird Pionier
Felix the Cat macht Urlaub in Leipzig | 68

31 Findus
Ein Kleinkrimineller mag es weich | 70

32 Frank and Louie
Eine Katze, zwei Gesichter | 72

33 Fräulein Sinner
Die Langzeitstudentin | 74

34 Fritz
Katzeklo, Katzeklo | 76

35 Garfield
Die besten Dinge im Leben sind – essbar | 78

36 Gestiefelter Kater
Dreist kommt weiter | 80

37 Grinse-Katze
Ein Grinsen ohne Katze | 82

38 Heidi
Ohne sie hätten wir sicher verloren | 84

39   Hexenkatzen des Mittelalters
Abrakadabra, dreimal schwarzer Kater | 86
40   Hodge
Von Austern und Wörterbüchern | 88
41   Jellylorum
Die Jellicle-Katze | 90
42   Jock I.
Erster einer langen Reihe | 92
43   John Doe
Sie haben keine Namen | 94
44   Jones
Ein Alien kommt selten allein | 96
45   Kaspar
Der 13. Gast | 98
46   Katze im Sack
Von Betrügern und anderen Unannehmlichkeiten | 100
47   Katze in Zahlen
Neun Leben hat die Katze | 102
48   Katzencafé
Draußen nur Kätzchen | 104
49   Katzenkaffee
Ab durch die Mitte | 106
50   Katzensymphonie
Die schönste Katzenmusik von allen | 108
51   Kiddo
»Roy, come and get this goddamn cat!« | 110
52   Kindergarten »Die Katze«
Tierische Architektur zum Bespielen | 112
53   Kitler-Cats
Sie sind wieder da | 114
54   Kuching
Die Katzenstadt | 116
55   Lämmchen
Urmutter eines Katzenvolkes | 118
56   Larry
The Right Honourable Larry | 120
57   Leaper
Immer auf dem Sprung | 122
58   Maneki-neko
Winke, winke, Pinke, Pinke | 124

59 Maru
Ein Karton ist ein Karton ist ein Karton ist ein Karton … | 126

60 Matilda
Katzen im Hotel | 128

61 Max 1
Verrückt nach Bällen | 130

62 Max 2
Ein Zwilling ganz besonderer Art | 132

63 Mikesch
An den richtigen Fäden ziehen | 134

64 Minneke Poes
Die geschenkte Königin | 136

65 Momo & Mogli
Polizeikatzen im Staatsdienst | 138

66 Mr. Lee
Der Starfotograf | 140

67 Mrs. Chippy
Not a lady but a gentleman | 142

68 Muezza
Die Katze des Propheten | 144

69 Muschi (& Mäuschen)
Wie sich eine Katze einen Bären aufband | 146

70 Myōbu Omoto
Die fünfte Hofdame des Kaisers | 148

71 Mysouff
Der Treue und das Biest | 150

72 Natalie – Hinter Gittern
Katzen im Knast | 152

73 Nedjem
Die erste Katze mit eigenem Namen | 154

74 Newtons Katze
Katzen, die auf Türen starren | 156

75 Nora
Die Klavierspielerin | 158

76 Orangey
And the PATSY Award goes to … | 160

77 Orvillecopter
Mit den Vögeln fliegen | 162

78 Oscar 1
Besuch bei den Sterbenden | 164

79 Oscar 2
The Unsinkable Sam | 166
80 Oswald
Cat-in-Residence | 168
81 Pangur Bán
Gefährte im Skriptorium | 170
82 Der Pate
Ein Angebot, das er nicht ablehnen konnte | 172
83 Pelle Svanslös
Schwedens heimlicher Nationalheld | 174
84 Pepper
Der erste Kino-Katzen-Star | 176
85 Peter
Der Weg in den Wahnsinn | 178
86 Pikachu
Reisen für den guten Zweck | 180
87 Pinkeltje
Kunst aus der Katze | 182
88 Purzel
Die zweite Chance ist oft die beste | 184
89 Room 8
Eine Katze macht Schule | 186
90 Rosie
Die mit den Huskys rennt | 188
91 Schrödingers Katze
Cat-Content in der Wissenschaft | 190
92 Simba
Der König der Löwen – Das Musical | 192
93 Simon
Held auf dem Jangtse | 194
94 Snowball 1
Sechs Zehen hat die Hemingway-Katz | 196
95 Snowball 2
Ein Präzedenzfall »tierischer« Forensik | 198
96 Sphinx
Ein Rätsel um Leben und Tod | 200
97 Spot
Sagen Sie ihm, dass er ein hübscher Kater ist und ein guter Kater | 202
98 Suki
Agility für die Katz | 204

99	Tama	
	Die Stationsvorsteherin | 206	
100	Tibbles	
	Wie ein Kater eine ganze Tierart ausrottete | 208	
101	Tiger	
	Katz und Maus nach Art des FBI | 210	
102	Tomba	
	Der Berg ruft | 212	
103	Tommasino	
	Vom Streuner zum Millionär | 214	
104	Towser	
	Towser the Mouser | 216	
105	Trim	
	Einmal um Australien und die Welt | 218	
106	Trixie	
	Zum Dank ein Porträt | 220	
107	Ur-Katze	
	Halb zog sie ihn, halb sank er hin | 222	
108	Vasja	
	Hüter der Kunstschätze | 224	
109	Weltkatzentag	
	Der Tag, den es nicht gibt | 226	
110	Williamina	
	Die Katze als Schreibblockade | 228	
111	Zum Schluss	
	Die Katzen der Autorin | 230	

1 Acater
Retter aus der Hungersnot

Heute strömen Besucherscharen durch Her Majesty's Royal Palace and Fortress the Tower of London, die am südlichen Ende der Londoner City gelegene Ringburg mit der 1000-jährigen Geschichte. Sie besichtigen Ausstellungen über die Geschichte des Gebäudes, bewundern die Kronjuwelen und erschaudern bei den Geschichten über das berühmt-berüchtigte Gefängnis und dessen Insassen.

Sir Henry Wyatt war einer dieser Unglücklichen. Im Jahr 1460 im englischen Yorkshire geboren, schlug er sich gegen den regierenden König Richard III. auf die Seite Henry Tudors, dem Grafen von Richmond, der Ansprüche auf den englischen Thron erhob. Das gefiel Richard III. nicht, und er ließ Wyatt in den Tower zu London werfen. Kälte, Folter und Hunger sollten nicht nur seinen Willen brechen, sondern ihn umbringen. Fast wäre dieser Plan aufgegangen, hätte nicht ein Kater nachhaltig in die Geschichte eingegriffen.

Dieser sprang eines Tages durch die Fenstergitter zu Wyatt in die Zelle. Der Gefangene, glücklich über die unerwartete Gesellschaft, redete mit dem Kater, vergab reichlich Streicheleinheiten und freute sich bei jedem Wiedersehen. Wyatt gewann das Zutrauen des Streuners, das dieser mit reichlichen Geschenken bewies, indem er ihm erlegte Tauben brachte. Für den ausgehungerten Gefängnisinsassen ein Geschenk des Himmels.

Wyatt überredete seine Wärter, die Tauben zu kochen und ihm als Mahlzeiten zu überlassen. Der Kater, der daraufhin den Namen Acater, also Proviantmeister, erhielt, versorgte Wyatt so lange mit Frischfleisch, bis dieser wieder zu Kräften kam und die Schrecken der Gefangenschaft überstehen konnte. Erst als Richard III. gestürzt worden war und Henry Tudor als Heinrich VII. die Macht in England übernommen hatte, wurde Sir Henry Wyatt aus der Gefangenschaft befreit.

Wyatt vergaß seinen Lebensretter nie und bewies für den Rest seines fast 80-jährigen Lebens immer ein großes Herz für Katzen.

Adresse Tower of London, London EC3N 4AB, Vereinigtes Königreich | **ÖPNV** U-Bahn, Haltestelle Tower Hill | **Öffnungszeiten** März–Okt. Di–Sa 9–17 Uhr, So 10–17.30 Uhr; Nov.–Feb. Di–Sa 9–16.30 Uhr, So 10–16.30 Uhr, Mo geschlossen, Eintritt 22 Pfund

2 Ahmedabad
Ein Katzenname macht Politik

Katzennamen sind, wie die Namen der Menschen, oft mit Bedacht ausgesucht, deswegen manchmal lang und ungewöhnlich und werden dann schnell abgekürzt. Ein »Eddi, jetzt lass das Steak in Ruhe« ist eben schneller gebrüllt, als man den Namen Eduard vollständig ausspricht – wobei Eduard ein wunderbarer und völlig unverfänglicher Name für einen Kater wäre.

Was man von dem Namen, den ein kleiner, unschuldiger Siamkater Anfang der 60er Jahre von seiner Familie erhielt, nicht behaupten kann. Dabei war der Ursprungsgedanke ganz nett, vor allem wenn man weiß, dass die Familie des Katers die Familie des amerikanischen Botschafters in Indien, John Kenneth Galbraith, war. Und dass die Katzen – es waren zwei Katerchen, von denen einer aber einen weniger brisanten Namen erhielt, der nicht überliefert ist – ein offizielles Geschenk des indischen Bundesstaates Gujarat waren. Einer der Kater erhielt also mit dem Namen Ahmedabad den Namen der Stadt, in der er geboren worden war. Das ist so, als ob Sie Ihre in Wuppertal-Elberfeld geborene Katze auch so nennen würden – nett, aber umständlich. Also wurde im täglichen Umgang (Sie erinnern sich an das Steak!) aus Ahmedabad sehr schnell Ahmed. Leider war niemand in der Familie in der muslimischen Religion wirklich bewandert, und niemand erkannte, wie unpassend dieser Name war.

Allerdings wurde die Familie des Botschafters auf sehr drastische Weise darauf aufmerksam gemacht, als aufgebrachte Gläubige im benachbarten Pakistan laut und heftig protestierend vor amerikanischen Einrichtungen standen. Sie empörten sich darüber, dass eine Katze einen der vielen Namen des Propheten Mohammed trug, und empfanden es als Verhöhnung. Der Botschafter, dem schnell klar war, in welches interkulturelle Fettnäpfchen der Name seiner Katze ihn hatte treten lassen, handelte konsequent. Ab diesem Tag hieß der Kater Gujarat. Ganz unverfänglich und gut zu brüllen.

3 Aoshima
Die Insel der Katzen

Das ehemalige Fischerdorf Aoshima, eine winzige Insel vor der Hauptinsel Shikoku, hat in den letzten 70 Jahren eine ungewöhnliche Entwicklung erfahren. Waren es 1945 noch annähernd 900 Menschen, die hier vom Fischfang lebten, sind es heute offiziell nur noch 22 ältere Menschen, die hier in Ruhe und Frieden ihren Lebensabend in traditioneller Gemeinschaft verbringen möchten.

Aber mit der Stille ist es vorbei, seitdem ihre tierischen Mitbewohner in den Fokus der Presse gerückt sind: Über 120 Katzen teilen sich die Insel mit den Einheimischen. Ursprünglich wurden sie auf die Insel geholt, um die Mäuse von den Fischerbooten fernzuhalten. Dank des reichlich gedeckten Tisches und in Ermangelung natürlicher Feinde vermehrten sich die Katzen und nahmen das gesamte Eiland mehr und mehr in Beschlag.

Heute sind sie überall zu finden. Am Hafen, in den Straßen, auf den Treppen und den kleinen Felsen. Und sie haben sich zu einer Touristenattraktion entwickelt. Täglich kommen Besucher auf diese kleine Insel. Eine Fähre bringt sie in 30 Minuten von Ehime hinüber. Die Touristen wandern über die Insel, auf der es weder Restaurants noch Kioske oder andere Geschäfte gibt. Sie fotografieren, dringen in private Bereiche ein und verhalten sich nicht immer respektvoll den Einwohnern und deren Traditionen gegenüber. Die wenigsten machen sich Gedanken darüber, dass sie mit ihrem Besuch der Insel mehr schaden als nutzen und nicht bei allen Einheimischen willkommen sind. Durch die zusätzlichen Fütterungen verändert sich das Verhalten der Katzen, die Vermehrungsrate steigt an, und das seit Jahrzehnten bestehende Gleichgewicht gerät aus den Fugen.

Mit Kastrationen wird nun versucht, die Katzenpopulation zu regulieren. Trotzdem bleibt es eine große Herausforderung für alle, das rechte Maß aus Ehrfurcht vor den gewachsenen Traditionen, den alten Menschen und den Wünschen der Touristen zu finden.

4 Armellino
Ein Bild von einem Kater

Erste Darstellungen von Katzen gab es bereits vor ungefähr 5.000 Jahren. Auf dem heutigen Gebiet der Stadt Tell el-Muqejjir, im Süden des Iraks, lag 3000 vor Christus die sumerische Stadt Ur. Dort fand man ein Rollsiegel aus dieser Zeit, auf dem ein katzenähnliches Tier abgebildet ist.

Auf den Darstellungen des alten Ägypten wird dann um das Jahr 2000 vor Christus zum ersten Mal die Katze als zum Menschen gehöriges Haustier dokumentiert. Katzen sitzen juwelengeschmückt zu Füßen ihrer Besitzerinnen oder begleiten ihre Familien auf die Moorjagd. Mit dem Aufstieg der Göttin Bastet stieg die Zahl der Darstellungen von Katzen ins Unermessliche.

Im Laufe der Jahrhunderte wanderten die Katzen auf leisen Pfoten weiter nach Osten und überzeugten auch in China mit ihren Jagdqualitäten. Um 900 nach Christus änderte sich auch hier die Einstellung der Katzenbesitzer. Die Katze wird vom Arbeitstier zum Gesellschafter, vor allem der Frauen. Der ab dem 11. Jahrhundert immer mehr verbreitete Brauch des Fußbindens schränkte die Frauen in ihrer Bewegungsfreiheit ein und band sie ans Haus. Aus dieser Zeit stammen etliche Bilder und Geschichten von Katzen mit ihren Besitzerinnen und deren Kindern. Hier und in der Grabkunst finden sich Katzen mit Schleifen um den Hals oder mit einem Vogel statt einer Ratte als Beute. Dort entdeckt man auch das erste Bild einer rot-weißen Katze, die im 12. Jahrhundert von dem Hofmaler Li Di um ihrer selbst willen gemalt wurde.

Das erste in Europa geschaffene individuelle Katzenporträt stammt von dem Maler Giovanni Reder, der von 1693 bis 1765 in Italien lebte und arbeitete. Die römische Dichterin Alessandra Forteguerra gab bei ihm das Porträt ihres Katers Armellino in Auftrag. Das auf dem Bild zu lesende Sonett von Sperandio Bertazzi erzählt von der großen Liebe Alessandras zu ihrem Kater und macht sie unbestritten zur »Crazy Catlady des Barock«.

5 Azraël

Alptraum aller Schlümpfe

Gibt man den Namen in eine Suchmaschine ein, erfährt man auf der ersten Seite etwas über Todesengel in der islamischen Traditionsliteratur, eine amerikanische Comicserie der 90er Jahre und Fantasyromane. »Unseren« Azraël sucht man zunächst vergeblich. Mag es vielleicht daran liegen, dass er »nur« eine Nebenrolle spielt? Sozusagen Begleitmaterial ist?

Als Gefährte des bösen Zauberers Gargamel mischt er die Welt der Schlümpfe allerdings auch ganz allein auf. Der braunorange Kater mit den gelben Augen steht seinem Herrchen in Bösartigkeit, oder sagen wir besser versuchter Bösartigkeit, in nichts nach.

In den Originalzeichnungen fehlt Azraël ein Teil seines rechten Ohrs. In späteren Zeichnungen und vor allem den Cartoons verändert sich sein Aussehen. Die Farbe wechselt mehr ins Braune, und die Ohren sind mit einem Mal heil.

Seinen ersten Auftritt hatte er im Jahr 1959 in »Le voleur de Schtroumpfs«. Gargamel benötigt Schlümpfe, um aus wertlosem Metall Gold zu machen. Es gelingt ihm, einen Schlumpf zu fangen. Azraël will den Schlumpf fressen, wird aber von seinem Herrchen daran gehindert. Seitdem ist er unentwegt auf der Jagd nach den blauen Zwergen.

Azraël spricht mit Gargamel durch Maunzen, und der Zauberer versteht ihn aufs Wort. Im Comic produziert er einige Male Gedankenblasen mit Schlumpfbildern, aber nur ein einziges Mal, in »Les farces du Schtroumpf farceur« von 1990, wird ihm ein innerer Monolog zugestanden. Dabei ist der Kater nicht immer einer Meinung mit Gargamel und nicht unbedingt gut auf ihn zu sprechen. In einer Folge bekommt er durch ein Versehen selbst magische Kräfte und nutzt diese, um den Zauberer im Keller einzusperren.

2011 starteten die Schlümpfe und damit auch Azraël in 3-D und mit jeder Menge Tricktechnik in den Kinos. Äußerlich wirkt Azraël auf der Leinwand beinahe wie ein echter Kater, wäre da nicht seine ausgeprägte Mimik.

6 Bastet
Die Katzenfrau ist eine Göttin

In jeder Katze steckt ein kleiner Löwe. Das zumindest wird Ihnen jeder Katzenbesitzer gerne bestätigen. Eben noch schmusig, zärtlich und anhänglich, wird aus der Samtpfote im Handumdrehen ein wildes Tier. Bei der altägyptischen Göttin Bastet ist diese Verschmelzung sogar wörtlich zu nehmen. Sachmet, die Löwengöttin, galt als unberechenbar, wild und gefährlich. Es galt, sie durch Musik und Opfergaben zu besänftigen. Der Göttersage nach gelang das erst dem Gott Thot. Er hatte das richtige Händchen, und Sachmet, die Unbezähmbare, wandelte sich in Bastet, eine schnurrende und anschmiegsame Schönheit. Der Kult erreichte circa 1000 vor Christus seinen Höhepunkt. In der Stadt Bubastis wurden unzählige Tempel errichtet und eine riesige Katzennekropole angelegt. Eine halbe Million Menschen kamen zum Fest der Bastet in die Stadt, feierten und brachten Weihegaben in Form von Katzenmumien dar.

Bastet war Tochter und gleichzeitig auch Gemahlin des Sonnengottes Ra. In ihrer Hand hielt sie ein Amulett mit dem allsehenden (Katzen-)Auge. Vom Namen dieses Amuletts, »uchat«, können die meisten indogermanischen Wörter für »Katze« abgeleitet werden: cat, chat, cattus, Katze. Um das Jahr 300 vor Christus wandelt sich in Makedonien der Name Bastet zu Pasht. Hieraus entstanden indoeuropäische Bezeichnungen wie Pussy.

Die sehr beliebte Göttin besaß einen Frauenkörper und einen Katzenkopf. Ihr wurde die Liebe und die Fruchtbarkeit zugeschrieben. Zu ihren Füßen fanden sich oft kleine Katzen als Symbol für ihre Fürsorge gegenüber Kindern. Sie beschützte die Schwangeren, war Göttin für den Tanz, die Musik, der Feste und der Freude – entsprechend rauschend muss man sich das ihr zu Ehren abgehaltene Fest, das Bubasteia, vorstellen.

Der Katzenkult um die Göttin Bastet bestand von 2600 vor Christus bis in die griechisch-römische Zeit hinein.

»Wenn in einem Hause eine Katze stirbt, scheren sich alle Hausbewohner die Augenbrauen ab […]. Die toten Katzen werden nach der Stadt Bubastis gebracht, einbalsamiert und in heiligen Grabkammern beigesetzt.« – Herodot, Historien, Buch II, Kap. 66–67

7 Blau Miau

Sie macht den Menschen zur Maus

Im Jahr 2005 modellierte die deutsche Bildhauerin und Malerin Carin Grudda aus drei Tonnen Ton 27 Einzelteile dessen, was als einzigartige Skulptur entstehen sollte. In Bronze gegossen und im Anschluss wie ein dreidimensionales Puzzle mit dem Schweißgerät zusammengefügt, entstand Blau Miau: 375 Zentimeter hoch, 4,40 Meter lang, 190 Zentimeter breit und 1.200 Kilogramm schwer. Das spezielle und bei Bronze einzigartige »Blau-Miau-Blau« wurde nach einem geheimen Mischungsrezept der Künstlerin eingebrannt. Dabei steht die Farbe sowohl für das weibliche – Blau, die Farbe des Meeres und der Tiefe – als auch für das männliche Prinzip – Blau, die Farbe des Himmels und der Weite. Beide finden am Horizont zusammen und zu sich selbst, die Suche und Sehnsucht in der Ferne und in der Nähe, und symbolisieren das Konzept der Romantik. »Inspiriert hat mich die Ambivalenz der Katzen«, sagt Carin Grudda. »Die Weichheit, das Schmusige, die Anhänglichkeit. Katzen leben seit Jahrtausenden in der Nähe der Menschen und sind trotzdem frei, unabhängig und undomestizierbar. Ihre Riskanz, sich jeder Gefahr zu stellen mit einem völlig überschätzten Selbstvertrauen – gerade als junge, kleine Katze, die daraus resultierende Verletzlichkeit: dieses kleine und doch so große Gefühl, diese Ambivalenz, dieses ungeheuerliche ›ich bin‹, wollte ich groß und erlebbar machen. Ein wenig arrogant, spöttisch und amüsiert zugleich. Die sensibelste Stelle, ihr Bauch, lässt sich streicheln, bei der großen Blau Miau hindurchschreitend und unsere eigene Größe vermessend. Und – sie macht den Menschen zur Maus …«

Von 2006 bis 2014 stand die Blau-Miau-Skulptur vor dem Regierungspräsidium in Kassel, bevor sie sich auf den Weg nach Bremen und im Anschluss nach Baunatal machte. Eine Zeit lang deuteten in Kassel ihre »Pfotenabdrücke« und ein Hinweisschild auf den viel bedauerten Weggang hin.

Öffnungszeiten Der Skulpturenpark der Künstlerin, Tra i Mondi in Lingueglietta-Mondoligure, Italien, ist im Sommer Do–So 15–19 Uhr geöffnet.

8 Bob der Streuner

Have you seen the streetcat, who walks the streets of London

Weit über eine Million seiner Bücher wurden allein im deutschsprachigen Raum verkauft, die Geschichte in 37 Sprachen übersetzt, millionenfache Klicks seiner YouTube-Videos. Diesen Kater darf man ruhigen Gewissens einen internationalen Star nennen: Bob, der Streuner, oder wie er im Englischen heißt: »A Streetcat named Bob«. Dabei ist der weltberühmte Kater frei von Allüren, genau wie sein Herrchen James Bowen. Die Geschichte der beiden ist schnell erzählt, aber trotzdem etwas ganz Besonderes. Zum Zeitpunkt ihres Kennenlernens ging es beiden sehr schlecht. James kämpfte gegen seine Drogensucht und Obdachlosigkeit, Bob lebte als Straßenkater in London kein leichtes Leben. An einem Abend sucht er Schutz im Treppenhaus des Hauses, in dem James wohnt. Aber erst am nächsten Morgen wird der auf den zitternden Kater aufmerksam. Eine schmerzhafte Verletzung am linken Hinterlauf macht dem Tier schwer zu schaffen. James entscheidet sich, ihm zu helfen, und ahnt in diesem Moment nicht, wessen Leben er damit letztendlich zum Positiven hin ändern wird: sein eigenes. Er bringt Bob zu einem Tierarzt, gibt seine letzten Pennys für die Behandlung und die Medikamente aus und päppelt den besitzerlosen Kater auf.

Die Verantwortung, die er für den Kater übernimmt, seine Zuneigung zu ihm und Bobs Reaktion darauf helfen ihm, sich Stück für Stück aus dem Schattendasein seines Lebens herauszukämpfen. Bob weicht nicht mehr von James' Seite. Er begleitet ihn, wenn er Straßenmusik macht oder Magazine verkauft. Über Filme, die seine Zuschauer ins Internet stellen, wird Bob langsam zur Berühmtheit. Dann kommen die Bücher.

Heute leben sie in einer bescheidenen Drei-Zimmer-Eigentumswohnung. Bobs Herrchen James setzt ihre gemeinsame Berühmtheit dazu ein, auch weiterhin denen zu helfen, die Hilfe nötig haben – Obdachlosen und anderen sozial Benachteiligten.

Wünschen wir Bob und James noch ein langes, glückliches Leben.

9 BUB

Kleine Katze – große Wirkung

Es hätte alles deutlich schlechter kommen können. Für BUB, für Mike Bridavsky und für viele heimatlose Tiere mit Handicap. Als sie und ihre Geschwister in einem Werkzeugschuppen gefunden wurden, war sie die kümmerlichste des Wurfs. Schnell war klar, dass sie eine besondere Fürsorge benötigen würde. Sie wurde mit vielfachen Gen-Anomalien geboren, die extremen Zwergwuchs und deformierte Gliedmaßen zur Folge hatten. Sie ist zahnlos, und jede ihrer Pfoten hat sechs Zehen. Sie hat sehr kurze Beine, einen starken Unterbiss, sodass ihre Zunge ständig aus dem Maul hängt, und die bei Katzen nur sehr selten vorkommende Osteoporose. In der freien Natur hätte BUB keine Chance gehabt.

Mike Bridavsky, ein Musiker aus Indiana, stand zu diesem Zeitpunkt kurz vor dem Ruin. Trotz seiner Geldnöte entschloss er sich, das Kätzchen zu adoptieren. Er nannte es BUB. Eine Woche später geschah etwas Unvorhersehbares. Ein Bild von BUB schaffte es auf die erste Seite von »Reddit«, einer Website, auf der Webinhalte von Lesern und Nutzern bewertet werden können. Das war der Beginn einer Entwicklung, an deren Ende Lil BUB eine der beliebtesten Katzen der Welt sein sollte.

Ein Bericht in »Good Morning America« setzte den Startschuss, heute hat Lil BUB über zwei Millionen Fans auf Facebook und Twitter, eine Homepage mit »BUB Store«, in dem vom Plüschtier bis zum Kalender alles rund um BUB erstanden werden kann.

Aber nicht nur für Mike Bridavsky ist BUB einer der »glücklichsten Unfälle der Natur«. Ihre Berühmtheit nutzen Lil BUB und ihr »Dude« Mike, um anderen Tieren zu helfen. Ein großer Teil des verdienten Geldes fließt in den Lil BUB's BIG FUND. BUB selbst ist dank der Hilfe hervorragender Ärzte in einem guten Gesundheitszustand und kann ihr Leben genießen. Anhand einer Analyse ihrer DNA wollen Berliner Wissenschaftler die Ursachen der Krankheit Osteoporose erforschen.

Tipp 2014 gründete Lil BUB gemeinsam mit der ASPCA, einer Tierschutzorganisation, den Lil BUB's BIG FUND, der Tiere mit Handicap unterstützen soll. Bisher kamen mehr als 300.000 Dollar Spendengelder zusammen. Mehr dazu unter www.lilbub.com/bigfund.

10 ___ Bygul und Trjegul
Freya, spann die Katzen an

Dichte Unterwolle gegen die Kälte des Eises, langes, leicht fettiges und dadurch wasserabweisendes Deckhaar, ein voller Kragen um Hals und Brust. Kräftiger Körperbau. So liest sich der heutige Rassestandard der Norwegischen Waldkatzen.

Und dieses Bild hatten vermutlich auch die Wikinger vor sich, als sie zwei besonders prächtige Exemplare dieser Katzenart der Göttin Freya als Begleiter zuordneten: Bygul, das bedeutet »Bienengold« oder auch »Honig«, und Trjegul, das bedeutet »Baumgold« oder auch »Bernstein«. Der Legende nach waren sie so groß und schwer, dass selbst Thor, der Gott des Donners, sie nicht vom Boden aufheben und tragen konnte. Wenn man bedenkt, dass dessen berühmter Hammer Mjölnir ebenfalls einiges an Gewicht auf die Waage gebracht haben muss, müssen die beiden Kater also ganz schöne Kaliber gewesen sein. Ob bei diesem Vorfall Loki, der Trickser unter den skandinavischen Göttern, vielleicht seine Hand im Spiel gehabt hat und alles nur ein lustiger Streich unter mythischen Göttergestalten gewesen sein mag, sei einmal dahingestellt.

Vielleicht wurden sie auch ausgewählt, weil Freya, zuständig für den Frühling und das Glück, die Liebe, die Fruchtbarkeit und die erotische Sehnsucht, die Katzen zu ihren Lieblingstieren auserkoren hatte. Ihr anderer tierischer Begleiter, der Eber Hildeswin, auf dem sie auch ritt, hatte mit Sicherheit deutlich weniger Kuschelfaktoren aufzuweisen.

Wie dem auch sei, Bygul und Trjegul zogen Freyas Wagen auf ihrem Weg durch die tanzenden und zuckenden Nordlichter über den nordischen Polargebieten und wurden zu ihren ständigen Begleitern.

Die im Volksglauben vorherrschende Verknüpfung der sexuell sehr aktiven heidnischen Göttin Freya mit den Katzen sollte diesen wenige Jahrhunderte später allerdings zum Verhängnis werden, als die christlichen Vertreter ihre Moralvorstellungen mit den Mitteln der Inquisition durchzusetzen versuchten.

Tipp Die Norwegischen Waldkatzen – die Norsk Skogkatt – zählen zu den natürlichen Rassen, die sich ohne das züchterische Zutun des Menschen entwickelt haben. Erste Abbildungen finden sich bereits auf Münzen der Wikinger.

11 Cat o'nine tails
Die neunschwänzige Katze

Die Strafe sollte nicht nur hart, sondern auch hygienisch sein. Die Auspeitschung mit der »Cat of nine tails«, der neunschwänzigen Katze, wurde bis in die Mitte des 19. Jahrhunderts als disziplinarische Maßnahme auf englischen und amerikanischen Schiffen durchgeführt. Schon für geringste Vergehen konnte ein Seemann von seinem Kommandanten zu zwölf Hieben mit der Katze belegt werden. Wenn der Kapitän einen Mann zu einer Auspeitschung verurteilt hatte, wurde diese auf den nächsten Tag angesetzt, und der Bootsmann wurde angehalten, eine neue neunschwänzige Katze herzustellen. Dieselbe Katze sollte niemals zweimal zum Einsatz kommen.

Als Material verwendete man geteertes Hanftauwerk. Der untere Knauf am Griff bestand aus einem Fallreepsknoten. Der Griff selbst war mit Leder ummantelt. Nach einem Fußpeerdknoten wird das Bändselgut ausgefüllt und mit einem mehrfachen Türkischen Bund abgeschlossen. An den neun »Schwänzen« werden mit Abständen Knoten angebracht.

Wurde ein Seemann bei besonders schweren Delikten zu mehreren hundert Schlägen verurteilt, kam das einem Todesurteil gleich, da die Wunden tief waren und in vielen Fällen der Blutverlust hoch.

An der Praxis der Auspeitschung als offizieller Strafe änderte sich erst etwas, als 1840 Richard Henry Dana junior sein Buch »Two Years Before the Mast« veröffentlichte. Darin beschreibt der 1815 in Massachusetts geborene spätere Jurist und Politiker seine Seereise als einfacher Matrose auf dem Schiff Alert, auf der er die drakonische Strafe fürchten lernte. Nach seiner Veröffentlichung wurde der Bestseller dem amerikanischen Kongress vorgelegt, der die Cat o'nine tails daraufhin verbot. Die englische Rechtsprechung folgte schnell.

Heute findet man die neunschwänzige Katze noch auf Piratenfesten, bei denen sie für Vorführungen verwendet wird.

Eine wichtige Rolle spielt sie heute auch in der BDSM-Szene bei Flagellationen.

12 — Catwoman
»Tritt nie wieder die Katze, Stan. Niemals.«

Wer jetzt an eine mittelalte, alleinstehende Dame mit wirrem Haar denkt, um deren Beine eine größere Anzahl an Katzen streicht, liegt falsch.

Catwoman ist zwar schon deutlich über 70, aber trotzdem erstaunlich jung und knackig geblieben. Das mag daran liegen, dass ihre Schöpfer Bill Finger und Bob Kane sie 1940 als Comicfigur zur Welt brachten. Und diese altern ja bekanntermaßen nicht.

Selina Kyle, so Catwomans bürgerlicher Name, wuchs mit Schwester und Katzen in zerrütteten Familienverhältnissen auf. Ein Umstand, der insgesamt keinen guten Einfluss auf die Entwicklung des Mädchens hatte. Im Gegensatz zu ihrer Schwester, die eine Klosterkarriere einschlug, zog sie es vor, sich durch die Straßen von Gotham City zu schlagen. Eines kam zum anderen, und wie so oft endete es nicht gut, aber trotzdem von Ehrgeiz getrieben. Selina wurde zur Meisterdiebin.

Ihre Begegnung mit Bruce Wayne alias Batman besiegelte ihr weiteres (Liebes-)Schicksal. Obwohl es zwischen den beiden immer wieder heftig prickelte, standen sie doch auf zu verschiedenen Seiten. Trotzdem inspirierte sie sein extravagantes Heldenoutfit dazu, ihre eigene Berufskleidung zu überdenken. Seitdem trägt sie die Katzenmaske und einen wirklich körperbetonten Arbeitsoverall aus Leder.

Catwoman verbringt viel Zeit damit, ihr Revier gegen die wirklichen Bösen zu verteidigen, sich in Zweikämpfe zu verwickeln und sich ab und an mit Batman zu treffen. Man soll die Hoffnung ja nie aufgeben.

Wenn sie nicht gerade in Gotham City auf Streifzug geht, kümmert sie sich um benachteiligte Mädchen, die sie an sie selbst erinnern, und um Katzen. Sie schaffte es nicht, mit nur einer Katze aus dem Tierheim nach Hause zu gehen, sondern packte gleich alle ein. Und das kann nur eines bedeuten: Früher oder später ist sie doch diese mittelalte, alleinstehende Dame mit wirrem Haar, um deren Beine eine größere Anzahl an Katzen streicht.

Tipp Halle Berry übernahm in der gleichnamigen Realverfilmung aus dem Jahr 2004 die Hauptrolle. Der Film blieb weit hinter den Erwartungen zurück und erhielt als einzige Auszeichnung die Goldene Himbeere 2005.

13_ CC – Copy Cat
Das doppelte Kätzchen

Ihr Name CC steht für Carbon Copy – auf Deutsch Kopie –, und genau das ist sie auch, eine Kopie: CC ist die erste geklonte Katze der Welt. Im Jahr 2001, zwei Tage vor Heiligabend, bringt ihre grau gestromte Leihmama das Kitten per Kaiserschnitt zur Welt. CCs Fell ist anders als das ihres schildpattfarbigen genetischen Zwillings, weiß mit gestromten Flecken. Trotzdem sind die Wissenschaftler nicht enttäuscht, denn sie wissen, dass die Fellzeichnung nicht ausschließlich von der Genetik, sondern auch von Schwangerschaftseinflüssen abhängt. CC ist auch mit einer anderen Farbgebung eine genetische Kopie ihrer Klonmutter. Mit der Bekanntgabe ihrer Existenz warten Mark Westhusin, Tae Young und ihr Team trotzdem noch runde zwei Monate bis zum Februar 2002. Sie wollten sichergehen, dass CC überlebt.

Immerhin war sie der einzige von 87 geklonten Embryonen, der überhaupt Schwangerschaft und Geburt überlebte. Die anderen starben in meist sehr frühen Entwicklungsstadien. Die ursprüngliche Absicht der Wissenschaftler der Texas A&M University war es, Hunde zu klonen. Diesen Versuch gaben sie nach mehreren Misserfolgen auf und wechselten die Spezies.

Finanziert wurde das Experiment durch das Unternehmen Genetic Savings & Clone, das einen lukrativen Markt im Klonen von Haustieren sah. Eine Rechnung, die nicht aufging. Auch wenn es einzelne Katzenbesitzer gab, die ihre verstorbenen Lieblinge für eine Summe von 50.000 Dollar klonen ließen, war das Geschäft kein Erfolg – zu Recht, wie Kritiker argumentierten. Ein Klon sei ein eigenständiger Charakter ohne die Erinnerungen an das Leben seines Klonzwillings, und die Adoption eines heimatlosen Streuners könne die Trauer des Besitzers ebenso gut lindern.

CC interessiert sich bis heute nicht für die Aufregung. 2006 bekam sie drei Junge auf natürlichem Weg und lebt bis heute zufrieden bei Duane Kramer, einer Mitarbeiterin des Projekts.

14__Chat Noir
Die schwarze Katze von Montmartre

Vor dem gestrengen Vater aus der Kleinstadt Châtellerault ins 300 Kilometer entfernte Paris geflohen, musste sich Rodolphe Salis seinen Misserfolg als Maler und Grafiker eingestehen. Er tat, was viele verhinderte Künstler in seiner Situation getan haben und vielleicht auch heute noch tun. Er eröffnete eine Kneipe. Dass deren Name »Le Chat Noir« – Die schwarze Katze – in die Geschichte des Kabaretts eingehen sollte, ahnte zu diesem Zeitpunkt niemand. Gemeinsam mit dem Schriftsteller Émile Goudeau entwickelte er ein neues Konzept. Aus der Kneipe wurde ein »cabaret artistique«, in dem die Gäste neben Speis und Trank auch spitzzüngige Literatur genießen konnten. Heute gilt der 18. November 1881 allgemein als die Geburtsstunde des literarischen Kabaretts.

Aktuelle Politik, soziale Verhältnisse, die Scheinheiligkeit der Gesellschaft – alles nahmen sich die Künstler vor, spotteten, waren verrückt, boshaft, meist an der Grenze zum Statthaften und oft zum großen Vergnügen des Publikums auch darüber hinaus.

Was ursprünglich nur als interner Literaturzirkel geplant war, wuchs mit steigender Bekanntheit und Beliebtheit so schnell, dass die Räume bald zu klein wurden. Nicht nur die Bohemiens, die Künstler, gingen ein und aus, sondern mehr und mehr Gäste aus der damaligen feinen Gesellschaft wollten das Programm sehen. Lange Schlangen bildeten sich vor dem Chat Noir und brachten Unruhe in die Szene, sodass Salis schließlich mit dem Kabarett in die heutige Rue Victor Massé umzog.

1892 ging das Kabarett Chat Noir zum ersten Mal auf eine Tournee, die durch Frankreich, Belgien, Teile der Schweiz, Algerien und Tunesien führte. 1887 wurde das Chat Noir nach dem überraschenden Tuberkulosetod Rodolphe Salis' geschlossen. Auf Salis' Grab stand die Inschrift: »Gott hat die Welt geschaffen, Napoléon die Ehrenlegion gegründet. – Ich habe den Montmartre gemacht.«

A chanté!

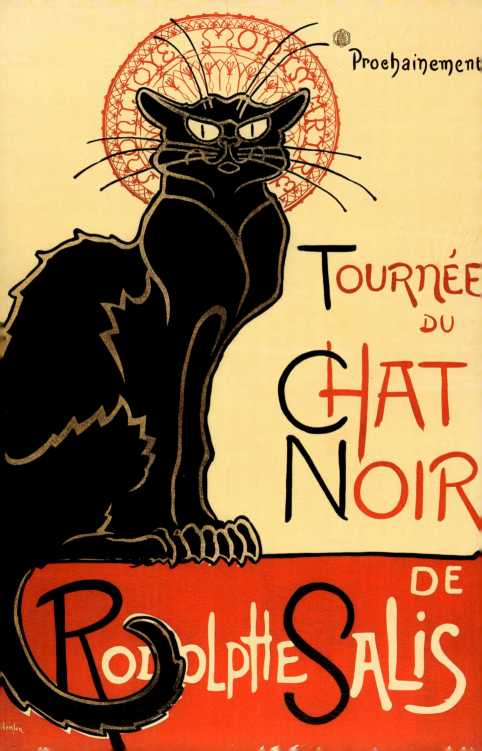

15 Chico
Eine heimliche Liebe

Der eine sagt so, die anderen anders. Der eine ist der Bruder, die anderen sind die langjährigen Nachbarn und Verwalter des Papsthauses in Pentling. Bei ihnen lebte Chico bis zu seinem Tod.

Georg Ratzinger, der Bruder Benedikts XVI., beschreibt in seinem Buch »Mein Bruder, der Papst« den rot gestromten Kater als »schwieriges Tier mit zwei Seelen in seiner Brust«, der bei entsprechender Laune auch mal kratzen und beißen konnte. Und das so heftig, dass der Papst selbst sich nicht immer getraute, den Kater anzufassen.

Ganz anders berichten die Hofbauers, zu deren Familie nicht nur Chico, sondern auch noch nacheinander die Hunde Ingo, Leo und Lea gehörten. Sie berichten von Chicos Anhänglichkeit. Sobald der Papst in seinem Privathaus in Pentling weilte, wich Chico nicht von seiner Seite, sei es im Garten oder im Haus.

Wirklich berühmt wurde Chico mit dem Erscheinen eines Kinderbuches, in dem er neben dem Papst die Hauptrolle spielt. Die italienische Autorin schilderte das Leben Josef Ratzingers, des späteren Benedikt XVI., aus der Sicht Chicos. Der daraufhin einsetzende Rummel allerdings war Chico egal und den Hofbauers eher unangenehm. Sie wollten, dass er ein ganz normales Katerleben führen konnte, ungeachtet seines berühmten Freundes. Ob er dem, wie den Hofbauers auch, halb verzehrte Mäuseleichen vor die Haustür legte, ist nicht überliefert.

Trotzdem reichte Chicos Einfluss bis nach Rom. Der katzenliebende Ratzinger sorgte schon zu seiner Zeit als Vorsitzender der Glaubenskongregation für die streunenden Katzen im Garten seines Amtssitzes. Sie wurden gefüttert, erhielten Namen und mussten Chico »ersetzen« – eine wirkliche Verbesserung zu ihrer Behandlung durch Ratzingers Vorgänger, der die Katzen regelmäßig vertreiben ließ.

Chico starb 2013 im Alter von zwölf Jahren. Sein Grab im Garten ist mit einem kleinen Holzkreuz geschmückt.

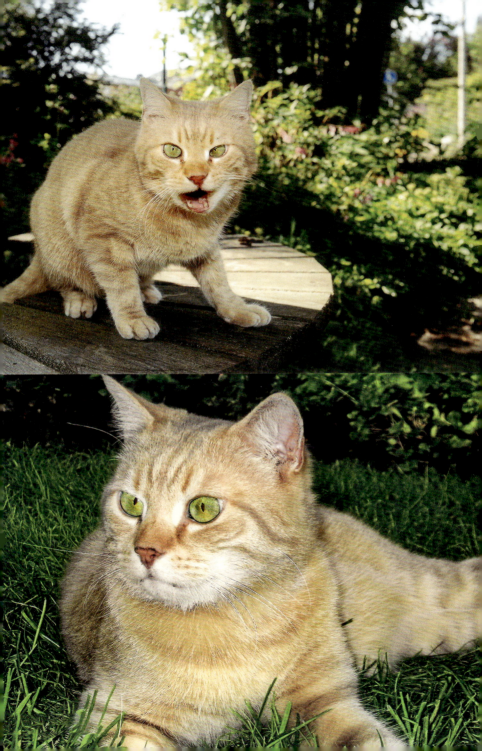

16 Choupette Lagerfeld
Die Greta Garbo unter den Katzen …

… nennt der Mann sie, der die Katzendiva mit den strahlend blauen Augen nach eigenen Aussagen am liebsten heiraten würde: Karl Lagerfeld. Damit hat er selbst wohl am wenigsten gerechnet. In einem Interview mit dem New York Magazine berichtet er, dass Choupette zunächst nur Gast bei ihm sein sollte, als das Model Baptiste Giabiconi Lagerfeld bat, für zwei Wochen auf die Birmakatze aufzupassen. Aus dem Kurz- wurde ein Daueraufenthalt, und seitdem teilt Choupette ihr Leben mit Herrn Lagerfeld. Selbstverständlich sehr kultiviert mit zwei persönlichen Zofen, die sich um ihre Schönheit und um ihre Unterhaltung kümmern, einem Koch für das leibliche Wohl und einem eigenen Bodyguard.

Um Choupettes Karriere kümmert sich der Modezar höchstpersönlich, naturellement mit maîtrise und grandeur – mit großem Können und im großen Stil. Mit nur zwei Aufträgen verdiente Choupette 2014 rund drei Millionen Euro. Sie rekelte sich als Kalendergirl auf dem neuesten Modell einer deutschen Automarke, und ihr gezeichnetes Konterfei ziert eine japanische Kosmetikserie. Sie avancierte damit zum unbestritten begehrtesten tierischen Werbestar. Dass Choupette eigene Instagram-, Twitter- und Facebook-Profile besitzt, versteht sich von selbst. Ihr Lieblings-Hashtag: #meow. Beinahe 50.000 Follower verehren die glamouröse Katzendame.

Die am 19. August 2011 geborene It-Cat besitzt ein eigenes iPad, hat eine Vorliebe für Kaviar und weilt während ihrer New-York-Aufenthalte in ihrem eigenen Zimmer in einem Luxushotel und schaut aus dem Fenster.

Dabei ist der Charakter der Birmakatzen ein eher geselliger, sie braucht kätzische Gesellschaft, um sich wirklich wohlzufühlen. Die wird Choupette aber vermutlich so schnell nicht bekommen, auch weil sie ihrem Herrchen nicht widersprechen kann, der von ihr behauptet, sie hasse andere Tiere und Kinder. Armes reiches Katzenmädchen.

17 _ Commissaire Mazan
Katzen, Krimis, Kommissare

Es gibt sie schon lange. Sie sind unter uns. Heimlich. Leise. Schattengleich. Die Katzenkommissare schleichen durch die Kriminalromane, allein oder an der Seite ihrer menschlichen Partner, immer auf der Suche nach dem Mörder.

Ende der 80er Jahre erschien Mrs. Murphy auf der Crime Scene, und Anfang der Neunziger setzten auch deutschsprachige Krimikatzen zum großen Erfolgssprung an.

Die Faszination, die von den samtpfotigen Kommissaren ausgeht, ist ungebrochen. Sie sehen und hören besser als der Mensch, verfügen über die Fähigkeit, sich nahezu unsichtbar zu machen, und ihre Schritte sind lautlos. Ideale Voraussetzungen für verdeckte Ermittlungen und heimliche Beschattungen. Sie sind die perfekten Detektive.

Commissaire Mazan schloss sich 2014 dieser illustren Riege an: Der schattenschwarze Kater des Autorenduos Jean Bagnol floh aus einem Laborgefängnis in den Bergen des Vaucluse und fand bei der halb algerischen Drogenfahnderin Zadira Matéo ein neues Zuhause und eine neue Bestimmung. Seitdem stromert er durch das provenzalische Provinzdörfchen Mazan, dem er auch seinen Namen verdankt, und eint die Katzen des Dorfes in neu entdeckter Stärke. Dass diese verfressenen, vergesslichen, aber ungeheuer charmanten vierbeinigen Ureinwohner des kleinen Örtchens ihren heimlichen Anführer bei der Aufklärung der (Katzen-)Morde unterstützen, versteht sich von selbst.

Doch dieser Katzen-Kommissar hat noch mehr zu bieten: Flehmend versetzt er sich in Trance, sieht weit entfernte Dinge. Eine Fähigkeit, die ihm seine menschliche Kollegin sicher neiden würde – wenn sie davon wüsste. Aber ihr und den anderen Bewohnern Mazans ist nicht bewusst, welches Eigenleben die Katzen führen. Wie sie das tun, was Katzen immer schon getan haben: ihre Menschen manipulieren. Und so ist Commissaire Mazan kein Ermittlermaskottchen, sondern eine große Persönlichkeit mit Freiheitsdrang und Eigensinn.

Ein Kater, wie er im Buche steht.

Tipp »Die meisten seiner Artgenossen begnügten sich damit, die Menschen mit ihrem Geschnurre und Geschmuse auszunutzen und ansonsten bräsig den Tag verstreichen zu lassen. Es war an der Zeit, diesen Haufen mal ein wenig aufzumischen.« aus: Mazan und die Erben des Marquis

18_Delilah
Wenn du über mein Chippendale-Sofa pinkelst

Die Muse des größten Rocksängers aller Zeiten gewesen zu sein ist eine Ehre, die nicht vielen zuteilwurde. Und viele hätten vieles, wenn nicht alles dafür gegeben, es zu sein. Vor allem wenn der Musiker das Ausnahmetalent Freddie Mercury und der Leadsänger der überaus erfolgreichen britischen Rockband Queen war.

Mercury, der mit nur 45 Jahren an Aids verstarb, war ein großer Katzennarr. Mit insgesamt neun Katzen teilte er Leben und Wohnung: Tom, Jerry, Oscar, Tiffany, Goliath, Miko, Romeo und Lily und Delilah, eine gescheckte Hauskatze, die es liebte, in Wäschebergen zu schlafen. Sie alle bekamen Weihnachtsgeschenke, er sprach mit ihnen durch das Telefon, wenn er auf Tournee war, und sie durften in seinem Bett schlafen.

Delilah inspirierte den Sänger zu dem gleichnamigen Song auf dem Album »Innuendo«, das das letzte sein sollte, das noch zu seinen Lebzeiten im Februar 1991 erschien. Sie war seine erklärte Lieblingskatze, leistete sie ihm doch während seiner unheilbaren Krankheit geduldig Gesellschaft. Wie viel sie für den Sänger bedeutete und wie wichtig sie war, kann man bis heute hören. Der Vollblutmusiker Mercury verpackte seine Gefühle in ein Lied und schuf im wahrsten Sinn des Wortes einen Lobgesang. Delilah spendete ihm Trost in dunklen Stunden und brachte ihn zum Lachen, lenkte ihn ab und gab Hoffnung. Sie war unwiderstehlich.

Bei den Aufnahmen zum Lied verwendete der Gitarrist Brian May zum ersten Mal eine Talkbox, ein Gerät, das den Ton des Instruments in den Mund leitet, um die Miau-Töne zu erzielen.

Dass sie dabei noch Katze sein durfte, verraten allerdings andere Stellen im Lied. Delilah war nicht vor Launen gefeit. Sie biss manchmal zu und zeigte ihre Krallen. Sie fegte den Telefonhörer vom Apparat und pinkelte auf das Sofa. Mercury verzieh ihr alles.

Delilah durfte bleiben. Als Freddie Mercury am 24. November 1991 starb, lag Delilah neben ihm.

19 Dewey Readmorebooks
Ein Bücherreich für einen Kater

Am frühen Morgen des 18. Januar 1988 hören die Mitarbeiterinnen der Stadtbücherei von Spencer ein Geräusch aus dem Buchrückgabekasten. Ihr erster Gedanke, ein Tier könne sich in die eisig kalte Metallbox verirrt haben, bewahrheitet sich – aber anders, als sie es erwartet haben. Vicki Myron schaut nach und entdeckt statt des vermuteten Streifenhörnchens ein kleines Kätzchen. Es hockt verfroren in eine Ecke gedrängt und schaut traurig zu ihr auf. Jemand muss es in der Nacht in den Kasten geworfen haben.

Sie wärmt und badet das Tierchen, und zu ihrem Erstaunen kommt unter dem räudig grauen Fell ein schönes orangefarbenes Langhaarfell zum Vorschein. Trotz der schrecklichen Nacht in der Box ist das Kätzchen freundlich und zutraulich.

Vicki Myron, die als Leiterin in der Bibliothek arbeitet, setzt durch, dass der kleine Kater bleiben darf. Er wird auf den Namen »Dewey Readmorebooks« getauft. Ein Wortspiel aus der Dewey-Dezimalklassifikation (DDC), einer weltweit genutzten Methode zur inhaltlichen Erschließung von Bibliotheksbeständen, und der Aufforderung, mehr Bücher zu lesen – »Read more books«. Spricht man den Namen aus, klingt er zudem wie die Frage »Do you read more books?«.

Der Ort Spencer in Iowa ist, wie viele amerikanische Kleinstädte in dieser Zeit, tief von der Wirtschaftskrise getroffen. Den Menschen geht es schlecht, einen kleinen Trost finden sie in Form der freundlichen Bibliothekskatze. Schnell wird die Presse auf Dewey aufmerksam. Ist es zunächst nur die lokale Zeitung, zieht Deweys Bekanntheit immer weitere Kreise, bis schließlich 2003 ein japanisches Filmteam vor der Tür steht.

Vicki Myron schreibt ein Buch über Dewey, die Menschen in Spencer und ihr eigenes Leben. Es wird zum Bestseller. Dewey wohnt bis an sein Lebensende in der Bibliothek. Im November 2006 stirbt er im Alter von 19 Jahren. Ihm zu Ehren wurde in der Bibliothek eine Bronzeskulptur aufgestellt.

20_Dinah

Die im Dunkeln sieht man nicht

Die im Rampenlicht kennt jeder. Die Stars und die Berühmtheiten. Auf die zweite Reihe fällt oft weniger Glanz, obwohl die, die sich da im Schatten tummeln, häufig genauso interessante Geschichten zu bieten haben.

Dinah ist so ein Fall. Dinah ist die zweite Katze. Die, die kaum jemand kennt. Fragt man nach der Katze in »Alice im Wunderland«, fällt zuerst immer der Name der Cheshire Cat, der Grinsekatze, deren Lächeln bleibt, auch wenn sie selbst schon verschwunden ist. Dabei betritt in Lewis Carrolls Buch zuerst Dinah die Bühne des Geschehens. Sie ist es, in deren Gesellschaft sich Alice befindet, als sie zu Beginn der Erzählung das weiße Kaninchen sieht und ihm in seinen Bau folgt. Und Dinah ist es, um die sich Alice während ihres Falls in den Schacht Sorgen macht. »Dinah wird mich gewiss heute Abend suchen. Ich hoffe, sie werden ihren Napf Milch zur Teestunde nicht vergessen.«

Allerdings ist Dinah nicht nur ein literarischer Kniff, um den Übergang von der realen Welt in das Wunderland auszuschmücken. Lewis Carroll benutzte viele wirkliche Personen als Vorbilder für die Figuren in seiner Geschichte, die er für ein Mädchen namens Alice Liddell auf einer Bootstour erfand. So wurde aus Carroll selbst die Figur des Dodo, aus seinem Begleiter Robinson Duckworth wurde die Ente und die Hauptfigur aus der kleinen Alice Liddell, die wirklich eine graue Katze namens Dinah besaß.

Vielleicht ist es diesem Umstand zu verdanken, dass Dinah, im Gegensatz zur Cheshire Cat, eine sehr realistische Katze ist. Alice bezeichnet sie als eine »famose Mäusefängerin und Vogeljägerin«. »Ein Vögelchen frisst sie fast noch eher, als sie es zu Gesicht bekommen hat.« Dass ihre Schwärmerei über Dinah in dem Augenblick vielleicht nicht ganz passend ist, bemerkt sie leider zu spät. Ihre Gesprächspartnerin ist nämlich eine sprechende Maus. Und die findet das gar nicht bewundernswert.

Tipp Disneys Zeichentrick-Verfilmung von »Alice in Wonderland« aus dem Jahr 1951 macht aus der flinken grauen Jägerin eine pummelige orange-weiße Katze mit türkis schimmernden Augen und pinkfarbener Halsschleife.

21 Duetto buffo di due gatti

oder: Die geklaute Katzenmusik

Mit dieser Katzenmusik, komponiert für zwei Stimmen, amüsieren sich Sänger und Publikum seit seiner Entstehung im Jahr 1825 gleichermaßen. Es gibt wunderbare Versionen, gesungen von zwei Katzen, pardon, Sängerinnen, von zwei Männerstimmen oder auch in gemischten Duetten. Der Text ist einfach, besteht er doch aus einem einzigen, aber ständig wiederholten Wort: Miau.

Ursprünglich wurde dieses Stück dem italienischen Komponisten Gioachino Rossini zugeschrieben. Heute weiß man, dass diese Aussage so nicht ganz stimmt, aber auch nicht falsch ist. Teile von Rossinis Musik finden sich in dem Stück durchaus wieder. Die Ähnlichkeit des zweiten Teils mit Iagos und Rodrigos Duett aus der Rossini-Oper »Othello« und der des dritten Teils mit der Arie »Ah, come mai non senti« aus dem gleichen Werk ist unüberhörbar. Der erste Teil des Katzenduetts hingegen ist dem Stück »Katte-Cavatine« des dänischen Komponisten C. E. F. Weyse entliehen.

Dieser muntere Mix war für die Zeit, in der das Stück entstanden ist, nichts Ungewöhnliches. Auf vielen privaten Salonkonzerten präsentierten sich die Sänger außerhalb der Opernspielzeiten einem ausgesuchten Publikum. Dass hier – im kleinen Kreis und ausschließlich mit Klavierbegleitung – gerne einmal die ernste Oper karikiert wurde, kann man sich gut vorstellen. Und Cat-Content funktionierte allem Anschein nach auch schon zu Beginn des 19. Jahrhunderts.

Den »DJ« glaubt man auch zu kennen. Robert Luca Pearsall veröffentlichte unter dem Pseudonym G. Berthold das Stück als unterhaltsames Geplänkel. Der 1795 in England geborene Pearsall verdiente das Geld für seine Familie zunächst als Rechtsanwalt, bis er erst spät entschied, sich der Musik zuzuwenden. Zeit seines Lebens blieb er Amateurkomponist. Vermutlich auch aus diesem Grund verschwiegen die Musikverleger seinen Namen. Ein Gioachino Rossini verkauft sich einfach besser. Selbst, wenn er nur maunzt.

Tipp Disneys Zeichentrick-Verfilmung von »Alice in Wonderland« aus dem Jahr 1951 macht aus der flinken grauen Jägerin eine pummelige orange-weiße Katze mit türkis schimmernden Augen und pinkfarbener Halsschleife.

21 Duetto buffo di due gatti
oder: Die geklaute Katzenmusik

Mit dieser Katzenmusik, komponiert für zwei Stimmen, amüsieren sich Sänger und Publikum seit seiner Entstehung im Jahr 1825 gleichermaßen. Es gibt wunderbare Versionen, gesungen von zwei Katzen, pardon, Sängerinnen, von zwei Männerstimmen oder auch in gemischten Duetten. Der Text ist einfach, besteht er doch aus einem einzigen, aber ständig wiederholten Wort: Miau.

Ursprünglich wurde dieses Stück dem italienischen Komponisten Gioachino Rossini zugeschrieben. Heute weiß man, dass diese Aussage so nicht ganz stimmt, aber auch nicht falsch ist. Teile von Rossinis Musik finden sich in dem Stück durchaus wieder. Die Ähnlichkeit des zweiten Teils mit Iagos und Rodrigos Duett aus der Rossini-Oper »Othello« und der des dritten Teils mit der Arie »Ah, come mai non senti« aus dem gleichen Werk ist unüberhörbar. Der erste Teil des Katzenduetts hingegen ist dem Stück »Katte-Cavatine« des dänischen Komponisten C. E. F. Weyse entliehen.

Dieser muntere Mix war für die Zeit, in der das Stück entstanden ist, nichts Ungewöhnliches. Auf vielen privaten Salonkonzerten präsentierten sich die Sänger außerhalb der Opernspielzeiten einem ausgesuchten Publikum. Dass hier – im kleinen Kreis und ausschließlich mit Klavierbegleitung – gerne einmal die ernste Oper karikiert wurde, kann man sich gut vorstellen. Und Cat-Content funktionierte allem Anschein nach auch schon zu Beginn des 19. Jahrhunderts.

Den »DJ« glaubt man auch zu kennen. Robert Luca Pearsall veröffentlichte unter dem Pseudonym G. Berthold das Stück als unterhaltsames Geplänkel. Der 1795 in England geborene Pearsall verdiente das Geld für seine Familie zunächst als Rechtsanwalt, bis er erst spät entschied, sich der Musik zuzuwenden. Zeit seines Lebens blieb er Amateurkomponist. Vermutlich auch aus diesem Grund verschwiegen die Musikverleger seinen Namen. Ein Gioachino Rossini verkauft sich einfach besser. Selbst, wenn er nur maunzt.

Tipp Zwei wunderbare Beispiele sind die humorvollen Interpretationen der Sängerinnen Felicity Lott und Ann Murray oder der beiden »Kater« Kyle English und Charles Hyland, beide zu finden im weltweiten Netz.

22 El gato muerto
Die Katze, die Lima lahmlegte

Katzenkenner empfehlen eine genaue Beobachtung des Verhaltens der Katze, den Wechsel der Katzenstreu und mehr Katzentoiletten insgesamt, um den Ursachen auf den Grund zu gehen und das Problem zu beseitigen. Aber nichts von dem hätte in dem Fall geholfen, der im Januar 1990 durch die Presse ging:

Mehr als eine Stunde fiel der Strom in der peruanischen Hauptstadt aus. Mehr als sieben Millionen Einwohner mussten bei Kerzenschein zu Abend essen, keine Ampeln, keine Telefongespräche, nichts ging mehr. Die Energieversorgung war komplett zusammengebrochen. Die Aufregung war groß, und es wurde vergeblich nach den Verantwortlichen gesucht. Die Guerilleros des Sendero Luminoso, des Leuchtenden Pfades, einer terroristischen Vereinigung, wurden verdächtigt, einen Anschlag auf die Energieversorgung verübt zu haben, und vielleicht hätten sich diese den »Coup« sogar gerne auf ihre Fahnen geschrieben.

Aber die Wahrheit war eine andere. Und die kam, nachdem es wieder funktionierte, ans Licht: Eine Katze hatte sich in das Elektrizitätswerk geschlichen, in der Nähe eines 10.000-Volt-Kabels gepinkelt und war dann mit dem Strom in Berührung gekommen. Der Kurzschluss war vermutlich eine blitzschnelle Angelegenheit. Die Katze, so versicherte später der Pressesprecher, hätte keine Sekunde gelitten.

Diese Geschichte kannte allem Anschein nach auch der türkische Energieminister. Nach der Wahl 2014 behauptete der, der Stromausfall in Ankara und anderen Städten am Abend der Stimmauszählung wäre durch eine Katze verursacht worden. Das Tier sei in den Verteilerkasten gekrochen und habe den Stromausfall verursacht. Die politischen Gegner glaubten eher an einen Wahlbetrug. Die Internetgemeinde nutzte die vermeintliche Ausrede des Energieministers zur Verbreitung von Hashtags wie #catlobby, twitterte über die Verschwörung der Katzen und übte so auf eigene Art Kritik an der herrschenden Partei.

23 Emil, der rote Kater
Der Campingkater

Viereinhalb Monate war Emil alt, als er seinen Fuß zum ersten Mal auf einen Campingplatz setzen sollte. Zur Sicherheit mit Geschirr und Laufleine. So war es geplant. Aber wie so oft im Leben kam es anders, als es sich Emils Familie vorgestellt hatte. Das Laufgeschirr gefiel dem rot gestromten Kater noch weniger als die vorherige Autofahrt in der Transportkiste. Als ein anderes Wohnmobil nebenan hielt, war es mit der Ruhe vorbei und Emil, zum Schrecken seiner Besitzer, auf und davon. Das hätte durchaus auch (s)ein Ende sein können. Stattdessen war es der Anfang von Emils ungewöhnlicher Geschichte.

Der rot gestromte Kater kehrte an diesem und den nächsten Tagen in regelmäßigen Abständen von seinen Ausflügen zurück, schaute nach, ob seine Menschen noch da waren, und machte sich dann wieder auf den Weg. Die Nächte verbrachte er in der ersten Zeit im Wohnmobil, später ermöglichte ihm eine Katzenklappe ein freies Kommen und Gehen, und so wie der Kater seinen Radius auf dem fremden Terrain erweiterte, wuchs das Zutrauen seiner Menschen in ihn.

Ab da fehlte er, bis auf eine Ausnahme, bei keinem Urlaub mehr. Einmal sollte er zu Hause bleiben – das erwies sich als sehr unrühmlich. Emil war unglücklich, verweigerte das Futter und wog am Ende ein Kilo weniger. Nach diesen drei Wochen war klar: keine Reise ohne Emil!

Seither ist er von der heimischen Schweiz bis an die spanische Grenze und in die Niederlande gefahren. Immer auf seinem Platz ganz vorne im Wagen, mit bestem Blick auf die Strecke. Am Ziel angekommen, erkundet er neugierig die Gegend. Damit ihm keine Gefahren drohen, werden die Plätze mit großer Sorgfalt ausgesucht. Und sollte er in Streit mit den einheimischen Katzen geraten, wird einfach das nächste Ziel angesteuert. Seine Erlebnisse begeistern viele Katzenfans. Und so wundert es nicht, dass Emil vom Publikum zu einer der »111 Katzen, die man kennen muss« erkoren wurde.

Tipp Emils Reiseberichte haben mittlerweile viele Fans gefunden, die ihm treu auf seiner Facebook-Seite folgen: Emil, der rote Kater – Emil the Ginger Tomcat.

24 Emissary Cats
Abgesandte Katzen

»Behemoth« stammt aus dem Hebräischen und benennt ein Ungeheuer aus dem Tanach, den jüdischen Bibeltexten. Das Monster trägt in wilder Mischung die Züge eines Dinosauriers, eines Elefanten, eines Flusspferdes, Wasserbüffels und einer Ziege. Der Schriftsteller Michail Bulgakow ließ sich davon zu einer seiner Gestalten in »Der Meister und Margarita« inspirieren. Das Buch wurde nach seinem Erscheinen im Jahr 1940 schnell zu einem Klassiker der russischen Literatur. Bulgakows Behemoth, sein Ungeheuer, im Buch der Gehilfe des Teufels, beschreibt er als riesigen schwarzen Kater mit menschenähnlichem Körper. Dieses literarische Vorbild diente der britischen Künstlerin Laura Ford für ihre Installation von sechs überlebensgroßen Katzenwesen aus Bronze. Sie tragen ihre gesenkten Katzenköpfe auf schlanken menschlichen Körpern, die Schwänze liegen auf dem Boden auf. Nachdenklichkeit und innere Rastlosigkeit, Gefangensein und Verzweiflung will sie durch die Haltung und Posen der Skulpturen ausdrücken.

Station machten die drei Meter hohen Katzenwesen ab Mai 2013 im Rahmen der Ausstellung Blickachsen 9 auf dem Westend Campus der Goethe-Universität in Frankfurt. Hier stand die Gruppe zwischen Casino und IG-Farben-Haus.

Später trennte man die Gruppe. So konnte man 2014 die Emissary Cat 4 einige Monate im Kloster Eberbach bewundern. Eine Skulptur steht in Shanghai, eine weitere im Letmather Volksgarten, Deutschland.

Laura Ford wuchs als Tochter einer Schaustellerfamilie auf. Ihr Kunststudium an verschiedenen Kunsthochschulen schloss die 1961 in Wales geborene Künstlerin 1983 mit dem Master ab. Seither zeigte sie ihre Werke in zahlreichen Einzel- und Gruppenausstellungen. Die Form der aufrecht gehenden Katze findet sich auch in ihrer Skulpturengruppe »Days of Judgement« (2012) wieder. Diese Katzenmenschen wirken in ihren Anzügen wie gestresste Manager.

25 Europäische Wildkatze
Scheue Schönheit im dunklen Wald

Wenn Ihnen beim abendlichen Waldspaziergang ein kleines maunzendes Bündel entgegenläuft, haben Sie nicht nur vielleicht das Glück einer seltenen Begegnung, sondern sollten vor allem Ihrem Drang widerstehen, dem vermeintlich hilflosen kleinen Kätzchen zu helfen.

Vermutlich stehen Sie in diesem Moment einer europäischen Wildkatze (Felis s. silvestris) gegenüber. Gerade wenn die Tiere jung sind, ist die Verwechslungsgefahr für den ungeübten Blick groß. In der Fellzeichnung ähnelt die Waldkatze, wie sie wegen ihres Lebensraums auch genannt wird, einer grau-braun gemusterten Hauskatze. Wichtigstes Unterscheidungsmerkmal sind der buschige Schwanz mit dem stumpfen schwarzen Ende und ein durchgängiger dunkler Strich auf dem Rücken. Besonders mit dem dichten Winterfell wirken die Wildkatzen kräftiger und gedrungener als ihre gezähmten Artgenossen.

Mit der Kamera müssen Sie dann schnell zur Hand sein, denn die Tiere sind sehr scheu. Sie sind reine Waldbewohner und leben zurückgezogen in Misch- und Buchenlaubwäldern. In versteckten Fels- und Baumhöhlen, unter Wurzeln und abgestorbenem Geäst ziehen sie ihre Jungen groß. Je vielfältiger der Wald ist, desto tiefer besiedeln die Wildkatzen ihn. Bis ins 20. Jahrhundert hinein erstreckte sich das Verbreitungsgebiet der Tiere über den eurasischen Kontinent. Landwirtschaft, Straßenbau und die sich ausbreitenden Städte und Dörfer zergliederten und verschluckten die großen Waldgebiete. In den heutigen Nationalparks finden die Tiere wieder mehr günstige Bedingungen vor, und die Bestände erholen sich.

Die naturnahen Buchenmischwälder im Nationalpark Eifel scheinen der Wildkatze besonders gut zu gefallen. Hier und im gesamten Eifel-Ardennen-Gebiet findet sich mit circa 1.000 Tieren die größte Population Mitteleuropas. Vielleicht haben Sie Glück und begegnen einem ganz besonders prächtigen Exemplar. Aber Sie müssen sehr leise sein.

Tipp Die Wildkatze in der Ausstellung »Waldgeheimnisse« im Nationalpark-Tor Heimbach (im Bahnhof) ist sehenswert. | **Adresse** An der Laag 4, 52396 Heimbach | **Öffnungszeiten** täglich 10–17 Uhr, der Eintritt ist frei. Mehr Informationen zu Wandermöglichkeiten und Waldführungen im Nationalpark Eifel erhalten Sie unter www.nationalpark-eifel.de.

26 Félicette
Die erste Katze im Weltraum

Der 18. Oktober 1963 sollte ein großer Tag für eine kleine namenlose Katze werden. Die Pariser Streunerin hatte das zweifelhafte Glück, für ein Raumfahrt-Experiment ausgesucht worden zu sein. In wochenlangen Trainings waren sie und 13 andere Katzen von Wissenschaftlern auf den Aufenthalt im Weltraum vorbereitet worden. In die Hirne der Katzen waren Elektroden eingepflanzt worden, und sie wurden in Zentrifugen und Kompressionskammern gesetzt. Die Wissenschaftler waren angehalten, den Tieren – so wie bei Versuchstieren üblich – keine Namen zu geben, um keine emotionale Bindung aufzubauen.

Von der, heute stillgelegten, algerischen Raketenbasis Hammaguir aus startete die französische Véronique-AG1-Rakete mit der schwarz-weißen Kätzin an Bord. Während des 160 Kilometer langen Fluges, der nicht in eine Umlaufbahn führte, sondern lediglich in den Weltraum hinein, funkten die angebrachten Elektroden die neurologischen Impulse aus dem Hirn hinunter zur Basis. Die Kapsel wurde von der Rakete während des Fluges abgesprengt und kehrte an einem Fallschirm sicher zurück zur Erde. Die Katze überlebte den Flug, durfte mit dem Wissenschaftlerteam vor der Kamera posieren und wurde im Anschluss im Labor weiteren Untersuchungen unterzogen. Das Französische Centre d'Enseignement et de Recherches de Médecine Aéronautique (CERMA) berichtete nach Abschluss des Fluges, dass die Auswertung der Daten ein wertvoller Beitrag zur Weltraumforschung gewesen sei. Die britische Presse nannte die Katze zunächst Astrocat, aber dann tauchte irgendwann der Name Félicette auf und blieb.

Trotz des Rummels um Félicette, ihres überstandenen Abenteuers und des Dienstes, den sie der Wissenschaft erwiesen hat, wurde sie drei Monate nach ihrer Rückkehr eingeschläfert, damit die Elektroden weiter ausgewertet werden konnten. Zu ihren Ehren wurden später verschiedene Briefmarken herausgegeben.

27_Felis
Die Laland'sche Himmelskatze

Luftpumpe, Schiffskompass, Pendeluhr und Buchdruckerwerkstatt haben mit Felis – der Katze – eines gemeinsam. Allesamt sind Sternbilder. Das bedeutet, sie bilden eine Gruppe von Sternen, die scheinbar zusammengehören und die man mit bloßem Auge von der Erde aus sieht. Diese Sterne sind alle etwa 100 Millionen Jahre alt und ungefähr 440 Lichtjahre von der Erde entfernt. So eine scheinbare Gruppe nennt man Asterismus.

Die Menschen ordneten schon vor Jahrtausenden die Asterismen zu Figuren an und benannten sie meistens nach ihren Göttern. Regeln oder allgemeingültige Gesetze gab es dabei nicht. So wurden irgendwann die heidnischen Götternamen durch christliche Bilder ersetzt, Hofastronomen benannten Sternbilder nach ihren jeweiligen Fürsten, und auch die Welt der Technik wurde zur Namensfindung herangezogen.

Da durfte natürlich die Katze nicht fehlen. Obwohl sie ursprünglich nur entstand, weil der französische Philosoph Voltaire öffentlich darüber spottete und die Katze nicht zum Kanon der 33 Sternbildtiere gehörte, die man zur damaligen Zeit kannte. Das wiederum ärgerte den Mathematiker und Astronomen Joseph Jérôme Lefrançais de Lalande, seines Zeichens ein Katzenfreund, so sehr, dass er nach Voltaires Tod 1799 das Sternbild Felis einführte.

Leider fiel Felis, wenn auch nicht vom Himmel, so doch schon bald in Ungnade in der Welt der Astronomie. Nach 1865 verschwand sie als Lexikoneintrag, und der berühmte Astronom Camille Flammarion stellte in einem seiner Bücher fest, dass das Sternbild der Katze völlig überflüssig sei. 1922 wurde sie nicht mehr in die Liste der offiziellen internationalen 88 Sternbilder aufgenommen.

Wer sich heute auf die Suche nach Felis macht, findet sie am Südhimmel, südwestlich des Sterns µ Hydrae (42 Hya) als Teil des Sternbildes Wasserschlange. Südlich von der Katze liegt das Sternbild Luftpumpe und westlich von ihr das Sternbild Kompass.

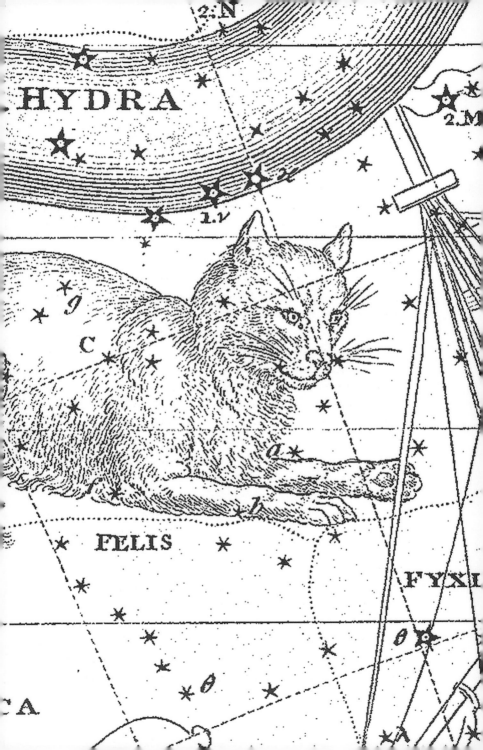

28 Felix
Ein Kater hat Heimweh

Bei Katzen steht der Aufenthalt im Tierheim auf der Beliebtheitsskala nicht unbedingt weit oben. Doch es gibt Ausnahmen. Kater Felix zum Beispiel hatte dazu eine ganz andere Meinung. Das Tierheim Berlin war sein Zuhause und sollte es seiner Ansicht nach auch bleiben. Er scheute keine Mühen und Anstrengungen, dort immer wieder aufzutauchen.

Zum ersten Mal bewohnte er als Halbjähriger im Dezember 2006 die Katzenstation, blieb aber nicht lange. Schnell wurde der grau gestromerte Kater mit den leuchtend grünen Augen in liebevolle Hände vermittelt. Doch sein Familienaufenthalt dauerte nicht allzu lange. Bereits am 12. Januar 2007 stand er als Fundtier wieder vor der Tür des Heims. Dieses Spielchen wiederholte er noch mehrere Male. Nach jeder Vermittlung büxte er aus seinem neuen Zuhause aus und landete jedes Mal wieder am Hausvaterweg in Berlin-Falkenberg.

Im Januar 2010 meinte es eine Familie besonders gut mit ihm und achtete sehr darauf, dass er nicht entweichen konnte. Aber Felix wurde so unglücklich und fraß nicht mehr, dass sie ihn nach einem Monat wieder in das Tierheim zurückbrachten, das zu diesem Zeitpunkt immer mehr unter einem Katzen-Notstand zu leiden hatte und aus allen Nähten platzte. Über den Sommer verschärfte sich die Situation in der Katzenstation so sehr, dass Felix mit etlichen Artgenossen nach Braunschweig ins dortige Tierheim umziehen musste. Schnell fand sich auch hier für den freundlichen Kater ein neues Zuhause. Aus dem er – wie nicht anders zu erwarten – sehr schnell wieder ausriss. Diesmal aber blieb er für lange Zeit verschollen. Anderthalb Jahre später tauchte er in Berlin-Hellersdorf in der Nähe des Tierheims wieder auf. Die Mitarbeiter staunten nicht schlecht, als sie seinen Chip und die Registrierung auslasen. Es gab keinen Zweifel. Felix war nach 18 Monaten und 270 Kilometern wieder in seinem Zuhause angekommen.

Tipp Das Tierheim Berlin ist Europas größtes Tierasyl. Bis zu 12.000 Tiere werden hier jedes Jahr betreut. Die Termine der kostenlosen Führungen erfährt man unter Tel. 030/76899142 oder unter veranstaltung@tierschutz-berlin.de.

29 _ Felix the Cat
Urvater aller Katzencomics

Seinen ersten Auftritt hatte Felix the Cat in einem Kurzstummfilm mit dem Titel »Feline Follies«. Da trat er zwar noch unter dem Namen Master Tom auf, war aber schon deutlich erkennbar. Pat Sullivan, ein Filmproduzent, hatte den Film herstellen lassen, Regie führte der Cartoonist und Trickfilmer Otto Messmer. Der Erfolg veranlasste Paramont dazu, weitere Folgen zu bestellen – allerdings bekam der Kater den neuen Namen Felix und eine Generalüberholung durch den Trickfilmer Bill Nolan verpasst. Gleichzeitig entbrannte ein Streit zwischen Sullivan und Messmer, wer von beiden denn nun der wirkliche Schöpfer wäre. Bis heute kann niemand diese Frage genau beantworten. Fakt ist aber, dass die rechtliche Urheberschaft Sullivan zugesprochen wurde, da er als Studiobesitzer die Rechte an allen Schöpfungen seiner Angestellten besaß. Er vermarktete die Figur sehr erfolgreich.

Felix zeichnete sich durch seinen messerscharfen, schnellen Verstand aus. Jede Situation ging er mit einem Augenzwinkern an. Seine Gedanken und Gefühle drückte er durch die Mimik seiner großen runden Augen aus. Sehr nützlich war auch sein Schwanz, der nicht nur die Fähigkeit besaß, sich in jedes beliebige Werkzeug zu verwandeln, sondern der auch abnehmbar war.

Die größte Popularität erreichte Felix the Cat in den 20er Jahren des letzten Jahrhunderts. Musiker wie der zur damaligen Zeit berühmte King of Jazz Paul Whiteman schrieben Lieder über Felix, er erschien als Figur in einer New Yorker Thanksgiving-Parade. Ein Chevrolet-Händler aus Los Angeles erklärte Felix 1921 zu seinem Maskottchen. Fortan zierte er sämtliche Werbeschilder und Anzeigen des Autohauses. Sein Bild war das erste, das in den USA durch einen Fernsehsender übertragen wurde.

Mit dem Aufkommen des vertonten Zeichentrickfilms sank sein Stern. Erst als 1953 die frühen Kurzfilme im Fernsehen ausgestrahlt wurden, entdeckte ihn das Publikum neu.

Tipp Heute hat Felix mit www.felixthecat.com seine eigene Homepage und die Official-Felix-the-Cat-Seite bei Facebook.

30 — Felix wird Pionier
Felix the Cat macht Urlaub in Leipzig

Erfolg ruft Nachahmer auf den Plan. Meist wird nur abgeschrieben, seltener, wie im Fall der Pionierkatze Felix, eine eigenständige Arbeit daraus.

Der Künstler Joachim Nusser hatte 1956 sein Studium an der Hochschule für Grafik und Buchkunst in Leipzig abgeschlossen und befand sich auf Arbeitssuche. Das Angebot der Leipziger Volkszeitung, einen Comic zu zeichnen, kam ihm gerade recht. Grundidee und inhaltliche Marschrichtung wurden von der Kulturredaktion vorgegeben, der Grafiker setzte sie in Zeichnungen um. Held des Cartoons war ein in der damaligen westlichen Welt gut bekannter schwarzer Kater. Aus Felix the Cat wurde Felix, der Pionierkater. Die Rahmenhandlung war einfach. Felix the Cat reiste aus den USA ein, blieb zu Besuch und wurde schließlich offiziell wieder verabschiedet. Dazwischen lernte er das Leben in der DDR kennen und erlebte viele Abenteuer.

So versucht er in einigen aufeinanderfolgenden Episoden, sich zunächst vergeblich ein Straußenjunges zum Frühstück zu fangen. Stattdessen hat er in der nächsten Folge das erboste Straußenelternpaar so dicht auf den Fersen, dass er sich wünscht, selbst hinter sicheren Gitterstäben gefangen zu sein. In einer weiteren Fortsetzung gerät er auf der Flucht vor den großen Vögeln mitten in einen Wettlauf der Spartakiade eines Ferienlagers. Er beendet das Rennen als Sieger. Chef-Pionierleiter Heini ist so begeistert von Felix' Lauftalent, dass er ihn sofort einlädt, bei ihnen zu bleiben.

Dabei war nicht nur die dann folgende Kartoffelkäferjagd auf den Feldern der LPG eine Herausforderung für Felix, den Pionierkater, sondern vor allem für den Grafiker. Die Integration der ja bereits bekannten Figur in ein passendes zeichnerisches Milieu, das die Lebenswirklichkeit in der DDR wiedergab, war nicht gerade leicht. Das gelang ihm aber ausgezeichnet. Bis zu Felix' »Abreise« erfreute sich der Comic großer Beliebtheit bei den Zeitungslesern.

Kater Felix und die Kartoffelkäfer

In Colorado (USA) haben sich die Biester bis auf die Felder der LPG ausgebreitet! Bauer Knolle ist verzweifelt. „Komm mit, wir helfen!" sagt Felix. Karlchen tutet die Pioniere herbei, und schon geht's über die Colorados her, Felix allen voran. „Da steckt ihr nun und könnt nicht raus!" sagt er, als er abends die Biester hinter Glas betrachtet. Felix hat die meisten gefangen, und Heini bindet ihm beim Appell das blaue Halstuch um. Wird Felix es behalten dürfen?

31 Findus

Ein Kleinkrimineller mag es weich

Seine Verbrechen hielten einen ganzen Ort in Atem. Presse, Radio und Fernsehstationen berichteten über ihn. Die Polizei wurde eingeschaltet. Aber er war schneller als seine Verfolger. Niemand hat ihn je auf seinen diebischen Streifzügen beobachtet, bis heute wurde er nie auf frischer Tat ertappt.

Dabei macht er keinen Hehl aus seinen Taten. Ganz im Gegenteil. Die Ware wird brav zu Hause abgeliefert – und sein »Boss« kann auf eine umfangreiche Sammlung blicken.

Die Rede ist von Findus, dem grau gestromten Kater der Familie Gertz aus Lindau im Kreis Rendsburg-Eckernförde, und seiner ungewöhnlichen Sammelwut. Sie katapultierte ihn im Sommer 2013 in die Schlagzeilen und machte ihn zu einer Berühmtheit: Findus liebt Wäsche – frisch von der Leine – und jagt sie wie andere Katzen die Mäuse. Handtücher, Unterhosen, Socken, T-Shirts, Putzlappen und andere Wäschestücke schleppt er durch das Dorf bis vor die Haustür und schenkt sie seinen Besitzern. Selbst Arbeiter von benachbarten Baustellen kommen ihre Arbeitshandschuhe wieder einsammeln. Findus' Familie hat sich schon mit einem lachenden und einem weinenden Auge daran gewöhnt und sucht mit Hilfe der Polizei nach den rechtmäßigen Besitzern.

Damit, dass der Kater sich zu so einer Berühmtheit entwickeln würde, hatten die Gertzens nicht gerechnet, als sie ihn im Sommer 2012 aus einer misslichen Lage befreiten. Findus, damals erst wenige Wochen alt, war in eine Zwischenwand eines Schuppens gefallen und wäre wohl elend eingegangen, wenn die Kinder nicht sein Maunzen gehört hätten. Zu seiner Rettung wurde die halbe Wand demontiert, der Findling befreit und im Handumdrehen adoptiert. Dafür zeigt er sich mit seinen Geschenken bis heute dankbar. Ob er seine »kleine Schwester«, die einäugige Marie, die seit September 2014 Heim und Familie mit ihm teilt, auch schon »angelernt« hat, wird sich sicher bald herausstellen.

32 Frank and Louie
Eine Katze, zwei Gesichter

Diprosopus wird die extrem seltene Störung genannt, die zu einer teilweisen oder vollständigen Verdoppelung des Gesichts führt. Diprosopus ist keine Folge einer unvollständigen Zwillingstrennung, sondern entsteht durch zu viel Sonic-Hedgehog-Protein während der embryonalen Entwicklung. In den meisten Fällen sind damit bei Mensch und Tier andere Fehlentwicklungen wichtiger Organe verbunden, die ein Überleben unmöglich machen. Fast nie überlebt ein Lebewesen mit dieser Störung mehr als ein paar Stunden oder Tage.

Frank and Louie ist die Ausnahme von dieser Regel: Der im September 1999 geborene Kater wurde über 15 Jahre alt. Sein Leben verbrachte er in der Familie der Tierarztassistentin Marty Stevens, die ihn als Kitten mit der Flasche großgezogen hatte, nachdem er in der Tufts Universität in Boston, USA, abgegeben worden war.

Frank and Louie wurde mit einem Gehirn, zwei Mäulern und Nasen und drei blauen Augen, von denen das mittlere nicht genutzt werden konnte, geboren. Ein Maul hatte keinen Unterkiefer. Seine Speise- und Luftröhre waren mit dem funktionierenden Maul verbunden. Marty Stevens nannte die aktive Gesichtshälfte Frank, die stille Louie. Gegen alle Prognosen lernte Frank and Louie zu fressen. Er wuchs zu einem stattlichen Langhaarkater heran.

Spaziergänge und Autofahrten liebte er besonders. Wie jede Katze schmuste und spielte er gerne. Marty Stevens beschrieb ihn als freundlich und zutraulich. Sogar den frechen Papagei der Familie ließ er in Frieden.

2011 wurde Frank and Louie als älteste lebende Janus-Katze in das Guinnessbuch der Rekorde aufgenommen, und die Medien wurden auf ihn aufmerksam.

Am 4. Dezember 2014 musste er eingeschläfert werden, nachdem eine besonders aggressive Krebsart festgestellt worden war. Als er ging, hatte er ein langes, glückliches und völlig normales Katerleben hinter sich. Und das ist das Ungewöhnlichste daran.

33 Fräulein Sinner
Die Langzeitstudentin

Seit 2002 besucht sie fleißig Vorlesungen und Seminare, nimmt regelmäßig an Arbeitsgruppen und Forschungsreihen teil. Ihr Spektrum und Interessengebiet ist breit gefächert: Erziehungswissenschaften, Biologie, die Erforschung der Kulturpolitik und Informationswissenschaft. Vermutlich ist sie die schlauste Katze der Welt. Zumindest die einzige mit einem Universitätsstudium.

Fräulein Sinner, benannt nach ihrer Entdeckerin und Retterin Monika Sinner, suchte an den Lüftungsschächten der Universität Schutz vor der Januarkälte. Die Verwaltungsangestellte hatte Mitleid mit der abgemagerten und verletzten Katze und kümmerte sich um sie. Allerdings waren ihre Versuche, Fräulein Sinner in einer Pflegefamilie oder im Tierheim unterzubringen, nicht von Erfolg gekrönt. Die Katze kehrte immer wieder zurück an ihre Bildungsstätte und überzeugte alle mit Samtpfoten von ihrem Bleiberecht.

Heute ist sie stolze Besitzerin eines eigenen blau gepolsterten Stuhls vor Hörsaal 3 und anderer gemütlicher Liegeplätze. Alle ausgestattet mit weichen Schals und Wolldecken. Um das leibliche Wohl kümmert sich ein wechselndes Team aus Wissenschaftlern. Dementsprechend gerne hält sich Fräulein Sinner auf dem Teppich vor deren Büros auf.

Aber auch auf den Lehrplan hat Fräulein Sinner Einfluss. Inspiriert durch die vierbeinige Studentin wird an der Universität nun auch ein Seminar zur »tiergestützten Pädagogik« angeboten, in dem erforscht wird, wie förderlich der Einsatz von Tieren in Kitas, Schulen und anderen Jugendeinrichtungen sein kann.

Wenn Fräulein Sinner eine Pause vom anstrengenden Unialltag haben und ein wenig frische Luft schnappen will, steht sie vor der Tür und wartet geduldig, bis einer der Mitarbeiter oder ein Student ihr höflich die Tür aufhält und sie hinauslässt. Ganz wie es einer alten Dame gebührt. Ob sie eines Tages noch einen Ehrendoktortitel verliehen bekommt? Warten wir es ab.

Tipp Fräulein Sinner teilt sich die Universität Hildesheim mit etwa 6.500 Studierenden, etwa 80 Professoren, 430 Wissenschaftlern und 210 anders Beschäftigten. Genügend Hände für genügend Streicheleinheiten. www.uni-hildesheim.de

34_Fritz
Katzeklo, Katzeklo

»Katzeklo« ist kein Versagen der Autokorrektur. Was dem einen wie ein Rechtschreibfehler erscheint, zaubert dem anderen ein Schmunzeln und schnippende Finger an den Leib. Und unweigerlich die ersten Zeilen eines der bekanntesten deutschen Musikstücke: Katzeklo, Katzeklo, macht die richtige Katze froh.

Verantwortlich dafür ist ein schwarzer Familienkater namens Fritz. Auf die Frage »Was hat Fritz denn so gemacht« antwortete Schneider in einem Interview mit der ZEIT: »Eigentlich nichts Besonderes.«

Was nicht falsch ist, aber sicher auch eine Frage der Definition. Denn Fritz war eine Inspiration. Wobei das auch wieder nicht ganz richtig ist, denn es waren Fritzens Hinterlassenschaften, die die Kinder nicht wegmachen wollten, die die eigentliche Inspiration darstellten. Weil die Töchter sich weigerten, musste Schneider ran. Ans Katzenklo. Und was ein Vollblutkünstler ist, der macht aus jedem Sche…, Verzeihung, aus jeder Kac…, nein, so auch nicht. Also aus jeder … äh … sagen wir Gelegenheit, einen Song.

»Katzeklo« erschien 1993 als dritte Singleauskopplung des Albums »Es gibt Reis, Baby«. Das Lied wurde zum größten Erfolg des Musikers und Komikers. Sein Auftritt am 12. März 1994 in der Fernsehsendung »Wetten, dass..?«, der ursprünglich als Promotion für Schneiders damals gerade aktuellen Film »Texas« dienen sollte, pflanzte den Ohrwurm »Katzeklo« einem 16-Millionen-Publikum ein. Ein unscheinbarer Polaroid-Schnappschuss des schwarzen Katers ziert das Cover der CD.

Spektakulär war hingegen Fritz' Ableben. Hochbetagt und unter Altersschwäche leidend, stürzte er am 13. September 2004 aus dem vierten Stock der Berliner Wohnung, in der er zuletzt bei Schneiders Tochter lebte.

Der Tod des 17-jährigen Katers war vielen Zeitungen eine Meldung wert. Sein Katzenklo-Reiniger wird ihn wohl nie vergessen. Denn wie Schneider selbst sagt: »Durch ihn bin ich reich geworden.«

35 Garfield

Die besten Dinge im Leben sind – essbar

111 Katzen, die man kennen sollte: Ihre Comics werden weltweit gedruckt, Sie haben über 260 Millionen Leser. Man muss Sie nicht lange vorstellen.
Garfield: Jeder liebt und bewundert mich. Zu Recht.
111Kdmks: Äh ... ja. Wie würden Sie sich selbst beschreiben?
Garfield: Ich bin eine rot getigerte, exotische Kurzhaarkatze und habe die perfekte Figur für mein Gewicht.
111Kdmks: Ihren Menschen Jon Arbuckle habe ich aber von einem orangefarbenen Speckkloß mit Streifen reden hören.
Garfield: Solange er mich mit Lasagne versorgt, kann ich das ignorieren.
111Kdmks: Apropos ignorieren. Was ist mit Odie, dem treuen Hund an Ihrer Seite?
Garfield: Wer?
111Kdmks: Worüber möchten Sie gerne sprechen?
Garfield: Nicht über Montage. Ich hasse Montage. Und sie hassen mich. Sie bewerfen mich mit Torten. Und nicht über Sport. Und schon mal gar nicht über Diäten. Davon werde ich depressiv. Aber ich mag Nickerchen-Wettbewerbe. Die gewinne ich. Meistens.
111Kdmks: Können Sie uns etwas über Ihren geistigen Vater Jim Davis erzählen?
Garfield: Nein. Machen Sie das. Sie haben doch sicher anständig recherchiert, oder nicht?
111Kdmks: Also ... doch ... ich denke. (Räuspert sich) Cartoonist, geboren 1945 in Indiana, USA, aufgewachsen auf einem Bauernhof mit 25 Katzen, den Comic-Kater nach seinem Großvater James Garfield Davis benannt, eine Menge Preise für sein Werk, vier Emmys, 33 Garfield-Bücher auf der »New York Times«-Bestseller-Liste, Ehrendoktor der Purdue University ...
Garfield: (unterbricht) Das reicht jetzt. Haben Sie vielleicht rein zufällig eine Pizza dabei?
111Kdmks: Nein. Das tut mir leid.
Garfield: Mir auch. Sehr sogar. Für Sie. Ich habe nämlich Hunger.
111Kdmks: Und das heißt?
Garfield: Dass wir hier jetzt fertig sind.
111Kdmks: Oh. (Ist verwirrt) Möchten Sie zum Abschluss noch etwas Wichtiges sagen?
Garfield: Ja. Rettet die Flüsse, die Regenwälder und die Ravioli.
111Kdmks: Danke für dieses Interview.

36 — Gestiefelter Kater
Dreist kommt weiter

Bis Wilhelm Grimm das Märchen in seine Hausmärchensammlung schreiben konnte, hatte es bereits einen langen Weg hinter sich. Ältere Versionen der Geschichte finden sich in Frankreich und Italien. Grimm bearbeitete den Text, der ihm selbst nur aus einer mündlichen Überlieferung bekannt war, hin zu der heute bekannten Volkserzählung:

Für den dritten Sohn eines Müllers ist, als es ans Erben geht, nichts mehr übrig als der Hofkater. Er will dem Tier den Hals umdrehen und sich warme Handschuhe aus dem Fell nähen, da offenbart sich der Kater als pfiffiger Geselle. Er verspricht Hilfe, wenn der Müllerssohn ihm ein Paar Stiefel kauft. Damit geht er los, fängt einige Rebhühner und bringt sie dem König als ein Geschenk seines Herrn, des Grafen. Der König belohnt ihn mit Gold. Der Kater kehrt mit dem Gold des Königs heim, dessen Vertrauen er sich mit weiteren Geschenken erschleicht. Eines Tages erfährt er von einem geplanten Ausflug der Prinzessin. Er sorgt dafür, dass sein Herr in einem See am Wegesrand badet, versteckt die Kleider und behauptet, sein Herr, der Graf, sei bestohlen worden. Die Prinzessin findet Gefallen an dem Müllerssohn, den sie für einen Grafen hält. Sie lässt ihn in die Kutsche und in ihr Herz. Vorauseilend besorgt der Kater mit List und Tücke seinem Herrn noch Ländereien, Reichtümer und schließlich das Schloss des Zauberers.

Die Interpretationen des Märchens sind vielfältig. Sie reichen von der Darstellung als »Hybris der Hoffnungslosigkeit« bei Eugen Drewermann über die Auslegung, jede der Märchenfiguren stelle einen Aspekt der Persönlichkeit des Müllerssohnes dar, bis hin zu der Botschaft, dass es gut ist, sein Leben selbst in die Hand zu nehmen.

Aber egal, wie man es auslegt – für die Beteiligten hat sich die Sache gelohnt: Dank der Lügen seines Katers heiratet der Müllerssohn die Prinzessin, und alle leben glücklich bis an ihr Lebensende.

Der Zauberer ward ganz freundlich von den süßen Worten und sagte: »O ja, liebes Kätzchen, das kann ich auch«, und sprang als eine Maus im Zimmer herum. Der Kater war hinter ihm her, fing die Maus mit einem Satz und fraß sie auf.

37 _ Grinse-Katze

Ein Grinsen ohne Katze

Den Namen hat sie angeblich von dem englischen Landstrich Cheshire, in dem ihr Schöpfer Lewis Caroll seine Kindheit verbrachte. Aber ganz sicher ist das nicht. *»Nenne es, wie du willst«, sagte die Katze.* Gut, nehmen wir die andere Version.

Der Ausdruck »grin like a Cheshire cat« ist eine englische Redewendung, die auf eine ganz besondere Art von Käse zurückzuführen ist, den Cheshire cheese. Dieser wurde früher in Form von Katzen hergestellt, die allen Grund hatten zu grinsen. Waren doch ihre Herren, die Grafen von Cheshire, von der Steuer befreit.

»Das dachte ich wohl«, sagte die Katze und verschwand wieder. Halt, nicht so schnell. Es gibt noch die Variante der schlechten Schildermaler und die eines blutrünstigen Försters namens Catling. Aber weder die Kneipenschilder mit den zu breitmäuligen Löwen noch der Rachefeldzug des Försters gegen Wilderer, der für diese auf dem Schafott und für den Rächer der Fauna mit einem breiten Grinsen endete, scheinen sehr wahrscheinlich.

»Schon gut«, sagte die Katze, und diesmal verschwand sie ganz langsam, wobei sie mit der Schwanzspitze anfing und mit dem Grinsen aufhörte, das noch einige Zeit sichtbar blieb, nachdem das Übrige verschwunden war. Dabei ist Carrolls Geschichte nicht der einzige Tummelplatz der Grinse-Katze, auch wenn es viele Variationen gibt: 35 Filme, zahlreiche Theaterstücke, Popsongs und Jazzstücke, Oper und Tanz, Comics und Anime.

»Oh, das kannst du nicht ändern«, sagte die Katze: »wir sind alle verrückt hier. Ich bin verrückt. Du bist verrückt.« Und wie verrückt sie ist. Nach ihr wurden ein Asteroid, zwei Plattenalben und die archäologische Einordnung keltischer Schmuckstücke benannt. Mit ihrem Verhalten erklärt man ein Konzept der theoretischen Elementarteilchen und die Natur der Mitochondrien. In der Literatur, in Filmen und Comics wird sie gerne zitiert.

»Gut«, sagte die Katze und verblasste.

Tipp Lewis Carrolls Kinderbuch »Alice im Wunderland« erschien erstmals am 4. Juli 1865 und gilt bis heute als eines der bedeutendsten Bücher. Eine drei Jahre zuvor stattgefundene Bootsfahrt auf der Themse hatte den Autor inspiriert.

38_Heidi

Ohne sie hätten wir sicher verloren

Heidi wurde weder in einem Stadion noch in der Kammer des Zeugwarts geboren. Trotzdem bewies sie 2014 einen torsicheren Instinkt: Als WM-Orakel-Katze. Dabei deutete zunächst nichts auf ihr Talent hin. Als Kitten wurde sie vom Tierschutz aus sehr schlechten Verhältnissen befreit und hatte unter vielen Krankheiten zu leiden. Noch heute verhält sie sich Fremden gegenüber zurückhaltend, auch wenn sie schon lange ein liebevolles Zuhause gefunden hat.

Der erste Tipp entstand aus einer Laune heraus. Vor dem Spiel Deutschland gegen Portugal legte ihr Herrchen zwei Zettel mit jeweils einem ihrer Lieblings-Leckerlis vor ihr ab. Eines für die deutsche Elf, eines für Portugal. Um jede Manipulation zu vermeiden, lagen die Leckerlis immer an verschiedenen Stellen, und alles wurde per gültigem Videobeweis dokumentiert. Heidi zögerte nicht, fraß das Leckerli für Deutschland und ignorierte das portugiesische. Die nächste Vorhersage zum Spiel Ghana gegen Deutschland fiel ebenso deutlich aus: Heidi fraß erst vom Deutschland-Zettel (Götze schoss Deutschland mit dem ersten Tor in Führung), im Anschluss daran vom ghanaischen (Anschluss- und Führungstor durch Ayew und Asamoah) und leckte danach die letzten Krümel von der deutschen Hälfte des Katzenspielfeldes (Klose glich in der 71. Spielminute aus).

Bei den Ausscheidungsspielen der Finalrunden hatten die Leckerchen auf dem algerischen, französischen, brasilianischen und schließlich dem argentinischen Zettel genauso wenig Chancen bei Heidi wie die Spieler auf dem Rasen gegen die deutsche Mannschaft. Dass sie aber bei dem Brasilienspiel gleich sieben Mal die gleiche Seite wählte, ist sicher nur ein Gerücht …

Aber wie dem auch sei. Heidi futterte die Fußballweltmeisterschaft nach Deutschland, und zumindest ihr Herrchen ist fest davon überzeugt, dass sie nicht nur ein ganz großer Manuel-Neuer-Fan ist, sondern dass wir ohne sie ganz sicher verloren hätten.

39 Hexenkatzen des Mittelalters

Abrakadabra, dreimal schwarzer Kater

Zu Tausenden verbrannten sie auf den Scheiterhaufen, wurden ertränkt, erschlagen, von Türmen geworfen und auf unsäglich grausame Arten getötet: die Katzen des Mittelalters. Die Hexenkatzen. Aber wie konnte es so weit kommen? Was war geschehen mit dem Ansehen der Katze im Wandel der Zeit? Nichts war mehr übrig geblieben vom göttlichen Status der heiligen Katzen des Altertums oder der Rolle als Begleiter der nordischen Götter.

Die einzige Erwähnung der Katze in der Bibel findet sich bei Baruch 6,21. Hier warnt der Prophet Jeremia die Juden davor, dass sich auf Götzenbildern »ebenso auch Katzen niederließen«. Götzen waren gleichgestellt mit den alten Göttern. Diese heidnischen Götter werden im gleichen Buch Baruch 4,7 zu Dämonen erklärt. Von hier bis zu der Aussage »Katze gleich Dämon« war es nur ein kleiner Schritt.

Dazu kamen die natürlichen Verhaltensweisen der Katze, die, aus der Perspektive der aufkommenden christlichen Tugendlehre betrachtet und moralisch interpretiert, kein gutes Urteil zuließen. Lüsternheit und Unzucht, Hinterlist und Ungehorsam. Nicht von ungefähr ist das Wort Ketzer an das Wort Katze angelehnt.

Das Todesurteil fällte jedoch letztlich der Autor des »Hexenhammers«, Heinrich Institoris (1430–1505), der damit den allgegenwärtigen Aberglauben des Mittelalters widerspiegelt. Der Teufel nimmt die Gestalt eines schwarzen Katers an, und so wird die Katze zum »ständigen Sinnbild der Ungläubigen«, zum unerlässlichen Attribut der Hexe. Mit der Hexenverfolgung und -vernichtung einher geht auch die systematische Tötung der Katzen. Vor allem zu Zeiten schwerer Pestepidemien wurden die weisen Frauen zu Schuldigen erklärt und mit den Katzen hingerichtet, ohne dass man ahnte, dass damit den eigentlichen Verbreitern der tödlichen Krankheit, den Ratten, eine ungezügelte Vermehrung erst möglich war.

Tipp Nach der Hexensage wird eine 20-jährige Katze zur Hexe und eine 100-jährige Hexe zur Katze.

40 Hodge
Von Austern und Wörterbüchern

In einem Haus am Londoner Gough Square, ganz in der Nähe der Fleet Street, lebte um das Jahr 1750 herum ein Kater, der nicht unerheblichen Einfluss auf die englische Literatur dieser Zeit und – mit ein bisschen Phantasie – auf die englische Sprache ausübte: Hodge.

Sein Herrchen Dr. Samuel Johnson gilt bis heute als einer der bedeutendsten Schriftsteller und Gelehrten Englands. Er bewohnte das heute in ein Museum umgewandelte Haus von 1748 bis 1759 und schrieb dort sein zweibändiges »Dictionary of the English Language«. Wir können uns gut vorstellen, wie Hodge während dieser Arbeit auf Sesseln, Stühlen und sicher auch auf den Manuskripten seinen tiefen Katerschlaf schlief. Johnsons Zuneigung zu Hodge muss außergewöhnlich gewesen sein, fand sie doch sogar Eingang in die Biografie, die dessen Freund James Boswell über den Schriftsteller verfasste:

»Es wird mir unvergesslich bleiben, was er sich von Hodge, seinem Kater, alles gefallen ließ, für den er selber Austern holen ging, weil er befürchtete, falls er seinen Diener damit betraute, könnte dieser eine Abneigung gegen das arme Tier fassen.«

Dabei hatte Boswell, selbst wohl kein allzu großer Katzenfreund, keinen Grund, Johnson etwas vorzuwerfen. Austern wuchsen damals in großer Menge an der Küste Englands und galten gemeinhin als Arme-Leute-Essen. Trotz seiner Abneigung gegen den Kater fand dieser noch an einigen Stellen Eingang in die Biographie.

Ob er letztlich mit dem Eintrag, den Johnson über Katzen in das Wörterbuch schrieb, einverstanden war, werden wir wohl nie erfahren. »Domestizierte Tiere, die Mäuse fangen. Zoologen halten sie für die kleinste Unterart der Löwen.« Auch wie lange Hodge lebte und wann genau er starb, wissen wir nicht. Sicher ist aber, dass Dr. Samuel Johnson seinem treuen Freund bis zuletzt beistand, indem er ihn mit Baldrian versorgte und ihm so das Sterben erleichterte.

Tipp Das Dr.-Johnson's-House-Museum befindet sich in 17 Gough Square, London EC 4A 3DE. | **Öffnungszeiten** Mai–Sept. Mo–Sa 11–17.30 Uhr, Okt.–April Mo–Sa 11–17 Uhr, www.drjohnsonshouse.org

41 Jellylorum
Die Jellicle-Katze

Jede Katze braucht drei Namen, einen offiziellen, einen besonderen und einen geheimen, sagt der englisch-amerikanische Lyriker und Dramatiker T. S. Eliot in seinem Gedicht »Wie heißen die Katzen« aus dem »Old Possums Katzenbuch«. »Jellylorum« ist nicht dabei, ist aber nicht nur ein Name, den der Schriftsteller in die zweite Kategorie einordnet, sondern vermutlich auch die Katze gewesen, die ihn zu dem Gedichtband und darüber hinaus zu einer neuen Wortschöpfung inspirierte.

»Ich hatte auch eine Jellicle-Katze, die davonlief, aber ich denke, er hat sich nur erschrocken, als er während eines Gewitters draußen war, und ist einfach in die falsche Richtung gelaufen. Wie auch immer. Wir haben ihn nie wiedergesehen. Sein Name war Jellylorum«, erklärte er 1961 einem kleinen Mädchen.

Sein Jellylorum war eine Jellicle-Katze, also eine schwarz-weiße, ziemlich kleine, fröhliche und aufgeweckte Katze. So beschreibt T. S. Eliot sie im »Lied der Jellices«. Jellicle-Katzen haben heitere Gesichter und singen ihre Katzenlieder. Das Wort findet sich in keinem Wörterbuch. T. S. Eliot wollte nicht, dass es offiziell erfasst wurde. Für ihn war es in Ordnung, wenn die Leute es so nutzten, wie er es in seinem Gedicht beschrieben hatte.

Der Herausgeber und Verleger, der von seinen Freunden »Old Possum« genannt wurde, veröffentlichte den Gedichtband 1939. »Old Possum's Book of Practical Cats« gilt seitdem als eines der bedeutendsten, wenn auch skurrilsten Werke der Katzenliteratur.

Als Sir Andrew Lloyd Webber das »Old Possum's Book of Practical Cats« 1981 vertonte und das Musical »Cats« schuf, wurde aus Jellylorum einer der Charaktere. Hier spielt sie eine eher mütterliche Rolle, achtet auf die Jellicles, manchmal ist sie selbst eine der Jellicles. Die Jellylorum des Musicals ist gutmütig, hat immer ein offenes Ohr für die anderen und singt und spielt sich bis heute in die Herzen der Zuhörer.

Of names of this kind, I can give you a quorum, / Such as Munkustrap, Quaxo, or Coricopat, / Such as Bombalurina, or else Jellylorum – / Names that never belong to more than one cat. – T. S. Eliot

42 _ Jock I.

Erster einer langen Reihe

Winston Churchill gilt nicht nur als der bedeutendste Staatsmann Großbritanniens, sondern war auch durch alle bewegten Zeiten seines Lebens hindurch ein großer Katzenliebhaber. Berichte, Bilder und Erzählungen zeugen davon. Besonders ins Auge fallen die kleinen Gesten. Wie er sich zu einer Schiffskatze niederbeugt, um sie daran zu hindern, über die Planke an Land zu laufen. Oder wie er im Smoking einen zufällig anwesenden Streuner streichelt. Churchill lebte stets mit einer oder zwei Katzen zusammen, die sich in seinem Haus alles erlauben durften.

Einen aus dieser langen Reihe der vierbeinigen Lebensgefährten hatte er besonders ins Herz geschlossen. Jock, ein rot gestromter Kater mit weißem Lätzchen und weißen Vorderpfoten, zog im November 1962 auf seinem Landsitz Chartwell ein. Er war ein Geburtstagsgeschenk des Privatsekretärs Sir John »Jock« Colville zu Churchills 88. Geburtstag und genoss besondere Privilegien. Während des Essens saß er auf seinem eigenen Stuhl, und des Nachts schlief er in Churchills Bett. Jock begleitete seinen Herrn, wo immer der sich auch aufhielt, sei es im Stadthaus am Hyde Park in London oder in Kent.

Als Winston Churchill am 24. Januar 1965 seine letzten Worte »Alles langweilt mich« sprach, saß Jock neben ihm am Totenbett. Vorher hatte Churchill seinen Landsitz Chartwell dem Staat vermacht und verfügt, dass zukünftig immer ein rot gestromter Kater dort leben müsse. Jock überlebte seinen Herrn um neun Jahre und starb 1974.

Heute lebt bereits Jock VI. auf dem Anwesen. Der Kater wurde durch die Croydon Animal Samaritians vor einem Streunerdasein gerettet und von der Managerin der Sammlung im Namen von Chartwell adoptiert. Allerdings wurde er bereits kurz nach seinem Einzug im Januar 2015 aus den ehemaligen Wohnräumen verbannt. Nach Katzenart hatte er die kostbaren Möbelstücke mit Kratzern verziert, die den Kuratoren nicht so recht gefallen wollten.

Adresse Chartwell, Mapleton Road, Westerham, Kent TN16 1PS | **Tipp** Die Öffnungszeiten der unterschiedlichen Sehenswürdigkeiten auf dem Gelände sind auf der Homepage www.nationaltrust.org.uk/chartwell zu finden.

43 John Doe
Sie haben keine Namen

John Doe, diesen Namen erhalten in den USA Personen mit geheimer oder nicht identifizierbarer Identität. Wird ihr Geheimnis nicht gelüftet, bleiben sie und ihr Schicksal für immer anonym.

So wie das der ungezählten Straßenkatzen. Drei Millionen allein in Deutschland, wie Tierschutzorganisationen schätzen. Die Ursache für die ungehemmte Vermehrung und damit auch das wachsende Leid und Elend der heimatlosen Tiere ist oft das sorglose Verhalten von Haustierbesitzern.

Häufig fehlen Kenntnisse über die Fortpflanzungsrhythmen der Katzen, ein anderes Mal ist falsch verstandene Tierliebe der Grund, warum die Besitzer vor allem ihre Kater nicht rechtzeitig kastrieren lassen. Sind diese Freigänger, paaren sie sich mit verwildert lebenden, ebenfalls nicht kastrierten Katzen. Diese Katzen, selbst oft unterernährt und krank, bringen ihre Jungen unter ungünstigsten Bedingungen zur Welt. Obwohl viele der Jungtiere die ersten Wochen nicht überstehen, reichen die überlebenden aus, um nach fünf Monaten eine weitere Generation in die Welt zu setzen. Eine explosionsartige Vermehrung.

In vielen Städten und Gemeinden sind es private Tierschutzorganisationen, die, mit Spenden finanziert, viel Zeit, Arbeit und Mühen auf sich nehmen, um dem Elend Einhalt zu gebieten. Sie fangen die wild lebenden Katzen ein und kastrieren sie. Jungtiere werden in die Vermittlung gegeben, alte Haudegen wieder auf die Straße entlassen, die nun, wegen der erfolgten Kastration, ein ruhigeres Pflaster mit weniger Kämpfen sein wird.

Einen guten Schritt auf diesem Weg ist die Stadt Paderborn gegangen. Sie hat 2008 als erste Stadt in Deutschland eine Kastrationspflicht für Freigängerkatzen erlassen. Bevor sie nach draußen dürfen, müssen Katze und Kater kastriert sein, sonst droht dem Herrchen ein saftiges Bußgeld. Bleibt zu hoffen, dass immer mehr Städte diesem Beispiel folgen.

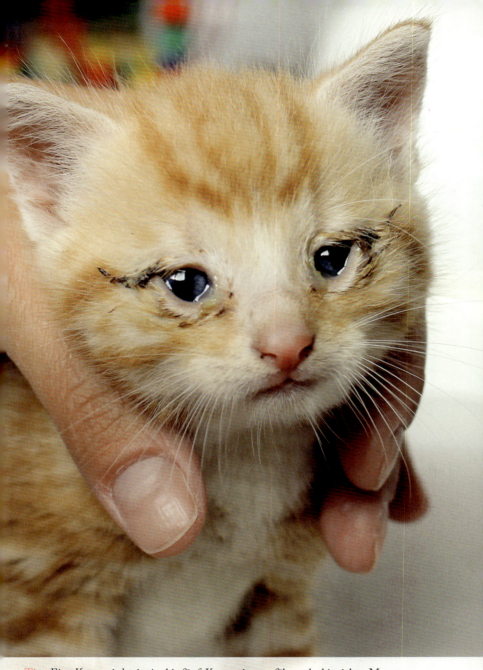

Tipp Eine Katze wird mit vier bis fünf, Kater mit ungefähr sechs bis sieben Monaten geschlechtsreif. In neun Jahren kann ein einziges nicht kastriertes Katzenpaar 14 Millionen Nachkommen haben.

44_Jones
Ein Alien kommt selten allein

Stellen Sie sich vor, Ihr Haus brennt. Die Flammen züngeln an allen Ecken und Enden. Ihr Leben und das Ihrer menschlichen Mitbewohner ist in Gefahr. Alle sind damit beschäftigt, das Feuer mit allen Mitteln zu bekämpfen. Was tun Sie? Sie suchen die Katze – die muss schließlich auch gerettet werden.

Jetzt stellen Sie sich die gleiche Szene noch einmal vor. Allerdings ist Ihr Haus kein Haus, sondern ein Raumschiff. Und das Feuer kein Feuer, sondern ein monströses Alien, das sie und alles Leben an Bord vernichten will. Der Selbstzerstörungsmechanismus des Raumschiffes wurde gerade in Gang gesetzt. Was machen Sie? Sie suchen die Katze. Natürlich. Was auch sonst.

Die Katze heißt in diesem Fall Jones, wird Jonesy oder »alter Junge« genannt und ist ein rot gestromter Kater. Jones macht in dieser abstrusen und doch sehr aus der Wirklichkeit gegriffenen Szene exakt das, was Katzen in solchen Situationen eben machen: sich unsichtbar. Der Bordtechniker Brett durchsucht das Raumschiff, die Spannung und die Ahnung, dass etwas Schreckliches passieren wird, steigen ins Unermessliche. Plötzlich springt Jones fauchend durch das Bild, Bordtechniker und Zuschauer fahren zusammen, aber nur kurz, denn der Kater verschwindet sofort wieder. Schließlich entdeckt Brett ihn hinter einem Aggregat, geht in die Hocke, beruhigt und lockt ihn. Sehr, sehr langsam kommt Jones aus seinem Versteck auf Brett zu. Erst da erkennt der Zuschauer die Bewegung hinter Brett. Jones faucht und knurrt in Großaufnahme, zieht sich in sein Versteck zurück. Er hat schneller als Brett die Gefahr erkannt. Jones überlebt, zusammen mit dem dritten Offizier Ellen Ripley, gespielt von Sigourney Weaver, das Inferno und schafft es sogar bis in die Fortsetzung des Films.

Hier hat er einen letzten Auftritt, als Ripley sich von ihm verabschiedet, bevor sie wieder aufbricht, um die Aliens zu suchen und zu vernichten.

Tipp »Alien«, Science-Fiction-Horrorfilm, Großbritannien und USA, Drehbuch Dan O'Bannon und Ronals Shusett, Regie Ridley Scott, Filmstart am 25. Mai 1979 in den USA, am 25. Oktober 1979 in Deutschland.

45 __ Kaspar
Der 13. Gast

Die Zahl Zwölf steht in vielen Kulturen für das Gute und Heilige. Das Jahr hat zwölf Monate, jeder Tag besteht aus zwei mal zwölf Stunden. Im Christentum waren zwölf Apostel die Freunde Jesu. Erst der 13. Gast beim Abendmahl brachte Unheil und Verrat an den Tisch. So entstand die Ansicht, die 13 sei eine Unglückszahl.

Zumindest in einem Fall bewahrheitete sich der Aberglaube: Der südafrikanische Minenbesitzer Woolf Joel lud an einem Abend 1898 Freunde und Geschäftspartner zu einem Dinner ins Londoner Savoy Hotel. Einer der Gäste sagte ab, und so saßen nur 13 Gäste um den Tisch und genossen den Abend. Natürlich kam das Gespräch auf die unselige Anzahl und das Unglück, das dem drohen würde, der als Erster das Dinner verließ. Woolf Joel, der früh am nächsten Tag die Rückreise antreten wollte, lachte darüber und stellte sich dieser Herausforderung. Bei seiner Heimkehr nach Johannesburg erschoss ihn ein Erpresser namens Baron Kurt von Veltheim und erfüllte damit, ohne es zu ahnen, die Voraussage.

Als man im Savoy von dem Unglück erfuhr, beschloss man, zukünftig keine Tischrunden mit 13 Gästen mehr zuzulassen. Zunächst nahm stets ein Angestellter des Hauses an dem Dinner teil, aber die Anwesenheit eines Fremden stieß bei den Gästen auf Ablehnung. So verfiel man auf die Idee eines stummen Gastes, und das Hotel beauftragte in den 20er Jahren des letzten Jahrhunderts den Bildhauer Basil Ionides, eine Katzenskulptur anzufertigen. Seitdem sitzt Kaspar, wie die Holzskulptur getauft wurde, mit am Tisch, schaut auf seinen Teller und sein Besteck und hält alles Unglück von den anderen Gästen fern.

Als bei der gründlichen Renovierung des Luxushotels im Jahr 2007 ein Großteil des Inventars aus den glanzvollen Zeiten versteigert wurde, war Kaspar selbstverständlich vom Verkauf ausgenommen. Und so kann man ihn auch heute noch freundlich zu Tisch bitten – Kaspar, den 13. Gast.

Adresse Kaspar's Seafood Bar & Grill, The Savoy, The Strand, London WC2R 0E |
Öffnungszeiten täglich geöffnet, um Tischreservierung wird gebeten

46 Katze im Sack
Von Betrügern und anderen Unannehmlichkeiten

»Item, das ist auch ein feines, wenn Einer eim Andern verkäuft mit Worten im Sack die Waar, die er selbst nicht hat«, predigte schon Martin Luther und warnte so vor den Betrugsversuchen, die wohl auf den Märkten dieser Zeit gar nicht so selten vorkamen. Und wie es scheint, steckten anstelle der ursprünglich erworbenen Ferkel, Kaninchen oder Hühner dann besonders häufig »wertlose« Katzen in den Säcken, die die Käufer mit nach Hause nahmen. Denn hieß es bei Luther noch »etwas im Sack kaufen«, findet sich schon wenig später »die Katze im Sack kaufen« als Synonym dafür, eine Ware vor dem Kauf nicht richtig geprüft zu haben. Man stelle sich den Ärger des Käufers vor, wenn er zu Hause das Geheimnis lüftete, indem er »die Katze aus dem Sack ließ«. Überhaupt scheinen es unsere Vorfahren beim Markthandel mit den Katzen nicht so genau genommen zu haben. Noch heute findet sich in der Klagenfurter Marktordnung folgende Regel: Geschlachtete Kaninchen dürfen nur mit nicht abgezogenen Hinterläufen zum Verkauf angeboten werden.

Die Katze im Sack hat auch den Weg in die Sagenwelt gefunden. Hier versucht ein Bauer in der Silvesternacht den Teufel selbst zu betrügen, um in den Besitz eines Heckethalers zu kommen, ein Geldstück, das nie weniger wird. Doch anstelle des kleinen Kindes, das er dem Teufel versprochen hat, findet der am nächsten Morgen nur einen alten schwarzen Kater im Sack. Vor Wut zerreißt der Teufel die Katze. Dem Bauern kann er in seiner Wut nichts mehr anhaben, denn das neue Jahr ist bereits angebrochen, und alle alten Sünden sind vergessen.

Aber auch in der Seefahrt wurde die »Katze aus dem Sack gelassen«. Hatte ein Seemann sich eines Vergehens schuldig gemacht, verhängte der Kapitän als Strafe oft Peitschenhiebe mit der neunschwänzigen Katze (siehe auch Kapitel 11). Erst wenn die Peitsche vom Zuchtmeister aus dem Sack geholt wurde, erfuhr der Delinquent das Ausmaß seiner Strafe.

Die schöne fette Katze des Wirtes nähte Eulenspiegel in ein Hasenfell, steckte das Tier in einen Sack und ging damit zum Markt.

47 Katze in Zahlen
Neun Leben hat die Katze

1,6 Milliarden Euro wurden in Deutschland 2012 für Katzenfutter ausgegeben.
2 Millionen verwilderte Katzen leben in Deutschland.
5 Monate ist eine Katze im Durchschnitt, wenn sie geschlechtsreif wird.
7 Monate ist ein Kater im Durchschnitt, wenn er geschlechtsreif wird.
7 Kilo Haare verliert jede Katze durchschnittlich in ihrem Leben.
8,6 Millionen Katzenbesitzer gibt es in Deutschland.
10 Millionen Euro werden in Deutschland für Katzen-Bestattungen ausgegeben.
12 Schnurrhaare hat eine Katze.
12,3 Millionen Katzen leben in Deutschland.
14 Jahre ist die durchschnittliche Lebenserwartung einer beheimateten Katze.
16 Stunden verbringen Katzen pro Tag mit Schlafen.
19 Zentimeter sind die längsten gemessenen Schnurrbarthaare einer Katze.
20 Katzen pro 100 Einwohner hat das Land Österreich aufzuweisen.
21,2 Kilo wog Himmy, die schwerste Hauskatze der Welt.
32 Muskeln hat ein Katzenohr.
38 Jahre wurde die älteste Katze der Welt, Creme Puff (3.8.1967 – 6.8.2005).
45 Prozent der europäischen Katzenbesitzer gehen mit der Katze mindestens einmal jährlich zum Tierarzt.
60 Millionen Umsatz werden geschätzt mit Rassekatzenzucht und -verkauf verdient.
67,8 Dezibel misst die Lautstärke des lautesten Schnurrers.
70 verschiedene Laute können Katzen von sich geben.
80 Katzenrassen werden weltweit anerkannt.
185 Millionen Euro wurden 2012 für Zubehör rund um die Katze ausgegeben.
230 Knochen besitzt das Skelett einer Katze.
243 Millionen Euro wurden in Deutschland für Katzenstreu ausgegeben.
420 Babys bekam Dusty. Dieser Weltrekord ist zum Glück seit 1952 ungebrochen.
689 Katzen hielt angeblich ein Ehepaar aus Kanada.
863 Katzen wurden 2012 in Deutschland als Versuchstiere »verbraucht«.
130.000 Katzen wurden 2010 in deutschen Tierheimen betreut.

48 Katzencafé
Draußen nur Kätzchen

Tokyo, London, Wien, Berlin – was in Asien begann und sich vor allem in Japan großer Beliebtheit erfreut, breitet sich seit ein paar Jahren auch in Europa aus. Das Konzept heißt »Kuchen, Kaffee, Katzen« oder auch kurz Katzencafé.

Die Einrichtungen reichen von antik-plüschig bis modern, von bunt bis edel in Grautönen und von liebevoll dekoriert bis eher zweckmäßig. Eines ist aber allen Katzencafés gemein. In erster Linie sollen sie ein Zuhause für die Katzen sein, die hier nicht nur Gäste, sondern Dauerbewohner sind. Deswegen schmücken das Café nicht nur Bilder mit – wen überrascht es – Katzenmotiven, sondern auch Catwalks und Kratzbäume für die vierbeinigen Hauptattraktionen, die Café-Katzen.

Die müssen, bevor sie »eingestellt« werden, einige Anforderungen erfüllen – menschenbezogen, neugierig, freundlich und vor allem verschmust. Das Leben im Café mit den wechselnden Besuchern soll ja kein Stress für die Tiere sein, denen deswegen auch ein exklusiver Rückzugsraum und in einigen Cafés auch ein Außengelände zur Verfügung steht. Für schüchterne und ängstliche Katzen ist der »Job« trotzdem eher nichts.

Die Besucher sind überwiegend Frauen. Sie kommen zu zweit oder in kleineren Gruppen, viele auch allein, um sich in Ruhe mit den Katzen beschäftigen zu können. Dabei erfüllen die Tiere viele Funktionen. Ersatzhaustier für die, die kein eigenes Tier halten können, Entspannungspartner für die Mittagspause oder einfach ein gemütlicher Ausklang nach einem Einkaufsbummel.

Die Speisen und Getränke werden in abgetrennten und garantiert katzenfreien Bereichen zubereitet, damit die Katzenzunge auf dem Unterteller der Kaffeetasse auch wirklich nur aus Schokolade ist.

Dass eine schnurrende Katze auf dem Schoß den Blutdruck senkt, ist wissenschaftlich bewiesen. Dass das aber einen der Gäste interessiert, ist eher unwahrscheinlich. Das wissen sie auch ohne Prüfsiegel.

49 Katzenkaffee
Ab durch die Mitte

Ob man in einem Katzencafé auch Katzenkaffee genießen kann, zeigt ein Blick auf die Speisekarte. Suchen Sie nach Kopi Luwak, Kape Alamid oder Philippine Civet Coffee. Aber erschrecken Sie nicht, wenn Sie den Preis sehen – der Kilopreis beträgt in Europa rund 1.000 Euro pro Kilogramm Kaffee. Dabei sind es weder die Sorte noch die exotischen Herkunftsorte wie die Inseln Sumatra, Java, Sulawesi und die Berge von Süd-Mindanao, die den Preis in so unwirkliche Höhen treiben. Böse Zungen könnten nun behaupten, hier würde aus Schei… Geld gemacht, und hätten damit sogar recht. Es ist die besondere Verarbeitung, die die Kaffeebohne durchläuft.

Der wichtigste Mitarbeiter im ganzen Herstellungsprozess ist der Fleckenmusang, eine wild lebende Schleichkatze. Und die will, ganz nach Katzenart, natürlich nicht immer so, wie die Bauern es gerne hätten. Sie ist genauso wählerisch wie unsere heimischen Stubentiger. Mal ganz heiß auf eine bestimmte Futterart und mal eben nicht. Frisst sie die angebotenen Kaffeekirschen, geht es los. Während des Verdauungsprozesses löst sich das Fruchtfleisch, die Verdauungsenzyme fermentieren die Kaffeebohnen und entziehen die sauren und bitteren Geschmacksstoffe. Dadurch erhält der Kaffee sein einzigartiges Aroma.

Da die Fleckenmusange ihren Speiseplan auch gerne mit Insekten, Würmern, kleinen Vögeln und Hörnchen bereichern, ist diese Art der Kaffeeproduktion sehr unzuverlässig und bedingt die hohen Preise.

Leider haben diese Gewinnperspektiven dazu geführt, dass die Bauern wilde Fleckenmusange einfangen, unter tierquälerischen Bedingungen halten und ausschließlich mit Kaffeekirschen füttern. Das führt zu Mangelerscheinungen und Verhaltensauffälligkeiten bei den Tieren. Tierschutzorganisationen klagen das schon seit einigen Jahren an.

Ob Sie also Ihren Katzenkaffee in einem Katzencafé wirklich genießen können, sei dann mal dahingestellt.

50 Katzensymphonie
Die schönste Katzenmusik von allen

Wollte man in früheren Zeiten auf gesellschaftliche Missstände aufmerksam machen, musste man sich deutliches Gehör verschaffen. Schon bei den Naturvölkern wurde das mit Katzenmusik, also lauten, disharmonischen und auf improvisierten Instrumenten produzierten Tönen, gemacht.

Im frühen Mittelalter wurden so Ehebruch, Fehlverhalten bei Ordensmitgliedern oder zu frühe Wiederverheiratung nach dem Tod des Ehepartners öffentlich missbilligt. Später zog die Katzenmusik auch in den Karneval, den Fasching und die Fasnacht ein.

Im deutschen Revolutionsjahr 1848 verbreitete sich die Katzenmusik in den großen Städten als eine Form der politischen Demonstration, die schließlich unter Strafe gestellt wurde. Auch in Wien griff man ab dieser Zeit zum Mittel der Katzenmusik als Zeichen des Protestes.

Nicht gegen politische, sondern gegen musikalische Entwicklungen sollte die Katzensymphonie wirken, die der Maler und Zeichner Moritz von Schwind 1866 als Geschenk für seinen Freund Joseph Joachim anlässlich dessen Ernennung zum Direktor der Berliner Hochschule für Musik komponierte. Der Violinvirtuose war ein bekennender Gegner der musikalischen Fortschrittspartei Franz Liszts. Schwind sah in Joachims Ernennung einen Sieg über die Ideen der »Neudeutschen«. Mit bissiger Ironie macht er sich darüber lustig: »[…] und wollen sich immer noch nicht in die Arme der Zukunftspoesie werfen, wo allein Heil ist. […] Weg mit dem alten, steifen, trockenen Notensystem – es braucht ein neues, durchgeistigtes, lebensvolles Ausdrucksmittel für meine neuen ungeahnten Gedanken – ob es Töne, Bilder oder der Teufel weiß was sind, das ist auch ganz Wurst […]« Damit spielt er auch auf Richard Wagners Idee des »Kunstwerks der Zukunft« an und setzt die Katzensymphonie als deutliche Stichelei dagegen ein.

Der Könner Joseph Joachim war im Übrigen nicht in der Lage, diese Katzenmusik auf seiner Violine zu spielen.

51 __ Kiddo

»Roy, come and get this goddam cat!«

So lautete im Original der weltweit erste Funkspruch von einem Luftschiff an eine Landstation. Das Luftschiff hieß America und die »gottverdammte Katze« Kiddo. Am 15. Oktober 1910 um acht Uhr morgens setzte die America zur ersten Atlantiküberquerung an. Hinter dem nebelverhangenen Ozean wartete das Ziel Europa. Der US-amerikanische Luftfahrtpionier Walter Wellmann startete mit sechs weiteren Besatzungsmitgliedern in Atlantic City. Fünf, von denen er wusste, und ein blinder Passagier: Kiddo hätte gar nicht auf dem Luftschiff sein dürfen. Doch der alten Seefahrertradition folgend hatte das Besatzungsmitglied Murray Simon den Kater als Maskottchen an Bord geschmuggelt. Kurz nach dem Start bemerkte der Chefingenieur den Kater und bestand gegen den heftigen Protest Simons darauf, ihn abzuseilen.

»Die junge graue Katze, die wir halb im Scherz als Maskottchen an Bord genommen hatten, heulte mitleiderregend inmitten der absonderlichen Situation.«

Also packte man Kiddo in einen Seesack und wollte ihn an einem Seil bis zum Boden hinablassen – zu spät. Die Schlepptaue waren gelöst, das Luftschiff hatte abgehoben. Schon bald hatte sich Kiddo eingewöhnt und durfte es sich sogar im Bett des Expeditionsführers Walter Wellmann bequem machen. So berichtet er in seinem Logbuch »The Aerial Age«.

Aber Kiddo brachte der Expedition nicht das erhoffte Quäntchen Glück. Etwa 1.600 Kilometer von der Küste entfernt, südlich von New York, scheiterte der Versuch, die America musste notwassern, und der berühmte Funkspruch wurde abgesetzt. Trotzdem waren die Luftschifffahrer stolz auf ihren Rekord: »Wir schafften 1.008 Meilen, waren 78 Stunden in der Luft, wir opferten unser Luftschiff, aber wir retteten unsere Leben […] Wir sammelten eine Menge nützliches Wissen, das uns helfen wird, die Probleme der Luftfahrt zu lösen. Und wir haben die Katze gerettet.«

Eine Katze an Bord galt bei den Seefahrern als Glücksbringer. Das ging so weit, dass ins Meer gefallene Katzen mit Beibooten gerettet wurden, damit sie keine Stürme gegen das Schiff heraufbeschwören konnten.

52 Kindergarten »Die Katze«
Tierische Architektur zum Bespielen

Ein Katzenhaus ist ein Haus, in dem Hauskatzen leben. Oder ein Kindergarten.

Die Geschichte des Karlsruher Stadtteils Wolfartsweier reicht bis in die Mitte des 13. Jahrhunderts zurück. Heute kann der Ort mit einer einmaligen architektonischen Attraktion aufwarten.

Im Jahr 2001 wurde hier der »Katzenkindergarten« nach Entwürfen des Künstlers Tomi Ungerer von der Architektin Ayla-Suzan Yöndel für rund 1,5 Millionen Euro erbaut. Seit der Eröffnung der »Katze auf der Pirsch« im Februar 2002 ist ihr geräumiger Bauch Spiel- und Lernplatz für 100 Kindergartenkinder. Das Maul der Katze mit dem roten Teppich als Zunge bildet den Eingang, eine Rutsche im Katzenschwanz führt auf der Rückseite wieder ins Freie. Der Bauch birgt das Treppenhaus, die Garderoben und die Zugänge zu den Gruppenräumen in sich. In den Ohren und Pfoten befinden sich kleine Nischen, die die Kinder nutzen können. Die runden Fenster fungieren von außen visuell als Augen und lassen gleichzeitig Tageslicht in den Turn- und Spielraum. Und in den Schnurrbarthaaren verstecken sich die Regenrohre.

Der Elsässer Cartoonist und Grafiker Ungerer ist selbst ein großer Katzenfreund. Es heißt, dass er mit diesem Entwurf seinem Kater Piper ein Denkmal geschaffen hat. Man kann ahnen, woher er seine Inspiration bekommen hat, wenn er über Piper schreibt. »Piper fing drei Ratten auf einen Streich. Eine mit jeder Pfote, die dritte mit dem Maul.«

Von Weitem betrachtet, ähnelt das Gebäude eher einer begehbaren Skulptur. So will Ungerer sie auch verstanden wissen. Er widmete die »Katze auf der Pirsch« der deutsch-französischen Freundschaft und einer Kooperation »ohne Grenzen« zwischen Baden-Württemberg und dem Elsass.

Eine Idee, die der (Haus-)Katze sicher so gut gefällt, dass sie schnurren würde, wenn sie denn könnte.

Adresse Städtische Kindertagesstätte »Die Katze«, Wettersteinstraße 16a; 76228 Karlsruhe-Wolfartsweier. Der Kindergarten ist nur von außen zu besichtigen. | **Tipp** Im nahe gelegenen Karlsruher Zoo gibt es die seltene Kleinfleckkatze zu bewundern.

53__Kitler-Cats
Sie sind wieder da

Romane, Filme, Comics oder Internetblogs – Satirisches über Adolf Hitler ist in allen Medien zu finden. Und es wird heftig diskutiert: »Ist Lachen über Hitler erlaubt?«, fragen die einen skeptisch, die anderen bezeichnen es als ein Zeichen der eigenen Aufgeklärtheit, dem Spott als einer Möglichkeit der Verarbeitung Raum zu geben.

Was in Deutschland mit einem hohen Grad an Sensibilität behandelt wird, ist in anderen Ländern längst gang und gäbe: den Diktator mit den Mitteln der Satire und des Humors zum Gespött zu machen. Dass das Lachen dabei niemals die Opfer, das Leid und die Schrecken meint, ist allgemeiner Konsens.

Gerade im englischsprachigen Raum hat die Entlarvung der Inszenierungen des Dritten Reiches mit seinen Aufmärschen, Fackelzügen und Pompösbauten als Schmierentheater eine lange Tradition. Charlie Chaplin und Ernst Lubitsch füllten mit »Der große Diktator« und »Sein oder Nichtsein« meisterlich die Kinoleinwand. Ende der 80er Jahre brüteten bei Monty Python Mr. Bimmler, Ron Ribbentrop und Mr. Hilter in einer Pension über der Karte von Stalingrad.

Da wundert es den Leser nicht, dass die satirische Webseite »catsthatlooklikehitler.com« ihren Ursprung in Großbritannien hat. 2006 gegründet, wurde sie bald bekannt, nachdem Medien in Europa und Australien sie entdeckt hatten. Die Kontroverse ließ nicht lange auf sich warten. Die Rückmeldungen reichten von begeisterter Zustimmung bis hin zu entsetztem Abwenden. Heute finden sich auf der Seite über 8.000 Bilder schwarz-weißer Katzen, deren Fellzeichnungen der Assoziation des Zuschauers freien Lauf lassen.

Auch wenn keine der Katzen etwas für ihr Aussehen kann und sie es sich vermutlich auch nicht ausgesucht hätten – Anlass zum Schmunzeln geben die Bilder von Luigi, Kevin und »dem Furrer« allemal.

Besonders reizvoll ist dabei der Gedanke, dass Hitler selbst angeblich unter Ailurophobie litt – der Angst vor Katzen.

Tipp www.catsthatlooklikehitler.com

54 Kuching
Die Katzenstadt

Die größte Stadt der malaysischen Insel Borneo hat circa 700.000 Einwohner und erstreckt sich über 431 Quadratkilometern. Es gibt viele sehenswerte Tempel, Gebäude und Stadtviertel. Das Klima ist heiß und regenreich. Nichts Ungewöhnliches für eine Stadt in diesen Breitengraden. Besonders wird Kuching erst durch seinen Namen und das, was dieser Name aus der Stadt gemacht hat. Kuching bedeutet auf Malaysisch Katze.

Dazu gibt es zwei Erklärungen, die eine realistisch, die andere eher »sagenhaft«. Die wahrscheinlichere begründet den Stadtnamen mit den vielen Wildkatzen, die diese Gegend früher besiedelten und die sie zu dem Ort machten, wo die Katzen wohnen.

Die andere greift auf ein Missverständnis zurück, das dem ersten weißen Herrscher der Stadt, James Brook, 1839 bei seiner Ankunft unterlaufen sein soll. Er fragte einen Einheimischen nach dem Namen des Ortes, da er sich aber nur schlecht verständigen konnte, glaubte der, er erkundige sich nach dem Namen des Tieres, das gerade vorüberhuschte – eine der vielen Wildkatzen.

Heute versucht Kuching seinem Namen gerecht zu werden, indem es die Stadt mit unzähligen Katzenmonumenten, Statuen und kleineren Denkmälern schmückt. Wobei der Phantasie, dem Stil und der Größe keine Grenzen gesetzt sind. Nicht immer zugunsten der Ästhetik, darüber sind sich viele Einheimische und die Besucher der Katzenstadt einig.

Ein weiteres, wenn auch wieder meinungsspaltendes Highlight ist das Katzenmuseum. Es thront auf einem Hügel und verschluckt die Besucher durch sein aufgerissenes Katzenmaul. Im Inneren findet man alles, was im direkten, indirekten und auch weiteren Zusammenhang mit Katzen steht. Von Ausstellungen zu Katzen-Sachthemen, über Zubehör und Futter bis zu reichlich kitschigem Nippes rund um die Katz. Also nichts, wovon sich wahre Katzenfans abschrecken lassen würden.

Adresse Katzen-Museum Kuching, Jalan Dbku, 94566 Kuching, Borneo. Das Museum liegt im Erdgeschoss des Kuching North City Hall Headquarters. Der Eintritt ist frei, es wird eine Gebühr für das Fotografieren erhoben.

55 Lämmchen
Urmutter eines Katzenvolkes

Eigentlich hätte alles schon viel früher beginnen können. Mit Munk, dem um das Jahr 1930/31 in der Nähe von Königsberg geborenen Kater. Bei den Eltern, einer glatthaarigen Angorakatze und einem Russisch-Blau-Kater, versteckten sich die Locken noch in den Genen. Bei Munk und seinem Bruder kringelten sie sich in samtigem Russisch-Blau. Doch niemand erkannte zu diesem Zeitpunkt das züchterische Potenzial der beiden. Munk beglückte wahllos die Katzendamen des Dorfes, während sein Bruder kastriert wurde. So verstrich die Chance zur Gründung einer neuen Katzenrasse ungenutzt. Erst 1978 weckte ein Foto von Munk wieder die Aufmerksamkeit.

Es sollte 20 Jahre dauern, bis sich wieder die Gelegenheit ergab, dass eine schwarz gelockte Katze die gebührende Aufmerksamkeit bekam. Im Garten des Hufelandkrankenhauses in Berlin-Buch lief eine dieser Katzen einer interessierten Doktorin in die Arme. Die beiden Damen, die Katze Lämmchen – so genannt wegen ihres an Persianer erinnernden Fells – und Frau Dr. Rose Scheuer-Karpin, nahmen sich der Sache an – mit deutlich mehr Erfolg als die beiden Katerherren zuvor. Lämmchen wurde zur ersten deutschen Zucht-Rexkatze und damit zur Urmutter aller heute lebenden German-Rex-Katzen.

Erste Zuchterfolge stellten sich 1957 ein. Sie bekam zwei gelockte Katerchen und zwei normalhaarige Kätzchen, die ins Ausland gegeben wurden. In England entdeckte man ebenfalls gelockte Katzen, und die German Rex entpuppte sich als idealer Kreuzungspartner. Das führte dazu, dass sie nach und nach verschwand. Elf Jahre später gab es in Deutschland nur noch drei Nachkommen von Lämmchen.

Wenn nicht eine Reihe von Züchtern sich dazu entschlossen hätte, diese Rasse zu erhalten, wäre die Geschichte der German Rex eine kurze gewesen. Ihnen ist zu verdanken, dass man Lämmchen heute als die Urmutter eines ganzen Katzenvolkes bezeichnen kann.

Tipp Die 1912 als Tochter einer jüdischen Kaufmannsfamilie geborene Rose Scheuer-Karpin erlitt wie so viele das Schicksal der Verfolgung, Flucht und Wiederkehr. 1970 reiste sie aus der DDR nach Israel aus und ging später nach England. Nach 75 Jahren in ihrem Beruf als Ärztin kam sie nach Deutschland zurück und starb hier 2013. Ihre Liebe zu Katzen hat sie ihr Leben lang begleitet.

56 Larry
The Right Honourable Larry

»Seine täglichen Pflichten beinhalten das Nachdenken über eine Lösung der problematischen Mäusesituation des Hauses. Larry sagt, dieses befinde sich in der Stufe der taktischen Planung.«

So die Verlautbarung des offiziellen Chief Mousers der Amtswohnung des englischen Premierministers in der Downing Street. Große und edle Worte. Wie aber sieht es mit den Ergebnissen aus? Die Öffentlichkeit will informiert sein. Angetreten im Jahr 2011, um den streunenden Ratten vor und im Haus endlich den Kampf anzusagen, bewies der beamtete Mäusejäger sein Können erst ein Jahr später, als er öffentlich eine Maus erlegte. Hört! Hört! Sind da die 100 Pfund, die er den britischen Steuerzahler jährlich kostet, wirklich gut angelegt? Oder ist die zeitweise Einstellung seiner Assistentin Freya ein Zeichen seiner Hilflosigkeit, durchgreifende Lösungen zu finden?

Da nutzen auch pressewirksame Termine mit dem amerikanischen Präsidenten und anderen Würdenträgern nichts, um die Schwachstellen in der Mouser-Abteilung der Downing Street offenzulegen und Katzenstreu in die Augen der Bürger zu werfen. Die Opposition hat ein wachsames Auge darauf, ob Larry sich seiner Vorgänger als würdig erweisen wird.

Und es sind große Namen, die ihm seit 1929 im Amt vorangegangen sind. Namen, die Respekt verdienen und deren Leistungen Maßstäbe gesetzt haben. Peter sei erwähnt, der in den 16 Jahren seiner Amtszeit von 1929 bis 1946 fünf Premierminister erlebte. Nelson, der Mouser Winston Churchills, Humphrey, der unter Thatcher und Blair treu diente, um schließlich in wohlverdiente Rente zu gehen.

Und nun, hohe Herren, muss Larry sich und uns beweisen, dass er der Verantwortung gewachsen ist. Dass er zupackt, wo es nötig ist. Sich festbeißt und nicht lockerlässt. Bis er seine Aufgaben erfüllt hat. Im Namen des Premierministers und zu Ehren der Königin.

God save the Queen.

Adresse 10 Downing Street, London SW1A 2AA, Vereinigtes Königreich

57_Leaper
Immer auf dem Sprung

Erst nur Beiwerk zu einer Schwalbe, setzte der Leaper zu Beginn der 40er Jahre des letzten Jahrhunderts zum großen Sprung an. Dabei war der Weg vom Vogel zur Katze ein langer und nicht unbedingt ein naheliegender. Denn ein Auto nach einer Katze zu benennen ist eher ungewöhnlich, ist doch das eine eher der Feind des anderen.

Die Swallow Sidecar Company begann bereits 1922, wie der Name es vermuten lässt, mit der Herstellung von Motorradbeiwagen. Den zeppelinförmigen Seitenwagen folgten ab 1927 komplette Karosserien für den Austin Seven und den Morris Cowley. Für Fiat, Standard, Swift und Wolseley wurden Chassis hergestellt.

1931 verließ die erste Eigenkonstruktion das Werk in Coventry, Großbritannien. Der S.S.1 wurde trotz Wirtschaftskrise ein großer Erfolg. Mit dem Zusatz »Jaguar« im Namen präsentierte William Lyons die »Limousine S.S. 2 ½ litre« im Oktober 1935 im Mayfair Hotel in London. Im gleichen Jahr folgte der S.S.100 Jaguar und begründete mit seiner Kraft und Schnelligkeit den Erfolg der Wagen im Motorsport.

Mit dem Ende des Zweiten Weltkrieges 1945 verschwand die Bezeichnung S.S. aus den Namen der Modellreihen, zu negativ waren die Assoziationen. Der neue Markenname hieß nun »Jaguar Cars Ltd.« und das Markenzeichen »Leaper«, der springende Jaguar, der bis zum April 1959 die Kühlerhauben der noblen Sportkarossen zieren sollte.

Dass er danach zunächst verschwand, lag allerdings nicht an den Autodesignern, sondern an der Gesetzeslage. Die scharfkantigen Kühlerfiguren bargen, so stellten die Verkehrssicherheitsexperten fest, ein hohes Verletzungsrisiko für Fußgänger. Kurzerhand verbot man sie grundsätzlich – allerdings nicht für lange. Heute darf der Leaper wieder springen. Aber nur mit halber Kraft. Bei geringster Berührung muss er sich sofort in der Kühlerhaube versenken. Das schützt nicht nur die Fußgänger bei Unfällen, sondern den Leaper auch vor Diebstahl.

58 Maneki-neko
Winke, winke, Pinke, Pinke

Was haben in Japan Bordelle mit Geschäften, Restaurants und Lottobuden gemeinsam?

Bevor die Phantasie zu weit abschweift, lenken wir den Blick besser auf eine Nische in der Nähe des Eingangs. Dort hockt eine kleine Katzenstatue. Die Maneki-neko. Meist ist sie aus Kunststoff, in den edleren Versionen auch aus Keramik oder Porzellan.

Unablässig winkt sie mit einem ihrer beiden Arme und soll so Kundschaft, Reichtum und Glück anlocken. Dabei ist entscheidend, welcher Arm winkt: der linke für die Kundschaft, der rechte für Glück und Wohlstand. Mit beiden Armen zu winken gehört sich nicht für eine wohlerzogene Maneki-neko. Die Farben haben ebenfalls eine Bedeutung: Rot für die Liebe, Gold und Silber für das Geld, Weiß für die Reinheit, und eine schwarze Winkekatze verscheucht alles Böse.

Viele Legenden ranken sich um die Entstehung der 招き猫. Die schönste erzählt von einer Katze, die ihre geliebte Herrin, eine Geisha, auf der Toilette so wild anfiel, dass der herbeigeeilte Hausbesitzer dem Tier mit einem Schwert den Kopf abschlug. Noch während der Kopf zu Boden fiel, schnellte eine Giftschlange aus ihrem Versteck und verbiss sich in dem Katzenkopf. Die Geisha war so traurig über den Verlust ihrer tapferen Freundin, dass der Hausbesitzer ihr zum Trost eine naturgetreue Nachahmung aus Keramik schenkte.

Seinen wahren Ursprung hat der Kult am japanischen Kaiserhof. Dort wurde um das Jahr 1600 die Rasse der Japanese Bobtail eingeführt, die sich durch einen Stummelschwanz auszeichnet und die bis heute das optische Vorbild liefert.

Neben dem asiatischen Raum hat die Maneki-neko heute längst Einzug in Europa und den USA gehalten. Dazu haben neben den Einwanderern, die diese sympathische Tradition mit sich brachten, auch Zeichentrickfilme und Manga-Comics beigetragen.

Vielleicht wohnt bei Ihnen auch bereits eine Maneki-neko?
Möge Sie Ihnen Glück und Reichtum hereinwinken.

59 Maru

Ein Karton ist ein Karton ist ein Karton ist ein Karton …

Etwas unbeholfen und ungeschickt kommt der pummelige Schottische Faltohrkater ins Bild, klettert den Kratzbaum hinauf, versucht ein Spielzeug mit der Pfote zu erwischen und – purzelt kopfüber wieder hinunter. Sein Name ist Maru. Das bedeutet Kreis im Japanischen und passt sehr gut zu dem kugeligen Kopf, den plüschigen Backen und den großen runden Augen, deren Blick niemand auf Dauer widerstehen kann.

Neue Szene: Mitten im Raum steht ein großer Umzugskarton. Maru richtet sich auf, legt die Vorderpfoten auf den Rand und schiebt die Kiste erst einmal einen Meter weiter. Was er will, ist klar: hinein. Aber das gestaltet sich schwieriger als gedacht. Maru lauert und richtet sich wieder auf. Jetzt hindern ihn die Deckelklappen. Aber aufgeben kommt nicht in Frage. Mit einem Satz ist er auf dem Beistelltisch, aber nun ist der Karton zu weit weg. Maru beugt sich vor, taxiert, lauert und springt. Exakt fünf Zentimeter zu kurz, baumelt für eine Sekunde am Kartonrand und fällt wieder. Beim fünften Anlauf gelingt ein Sprung vom Boden aus in den Karton. Da macht es nichts, dass er wieder kopfüber und völlig verdreht landet. Maru ist glücklich. Bis er wieder hinauswill …

Überhaupt liebt Maru Kartons. Egal, ob zu groß oder zu klein. Und Papiertüten. Er will hinein. Und er kommt hinein. Koste es an Anstrengung, was es wolle.

Maru, die Fellkugel, ist tapsig, neugierig und gibt niemals auf. Und eben dafür lieben ihn seine Anhänger. Seit am 10. Juli 2008 das erste Video über den Bildschirm flimmerte, ist seine Anhängerschar auf eine halbe Million Zuschauer angewachsen, und seine Videos wurden nahezu 300 Millionen Mal angeklickt. Sein Frauchen, das bis auf eine Ausnahme niemals in den Videos zu sehen ist, betreibt das Videoportal unter dem Namen mugumogu. Unter sisinmaru.blog17.fc2.com gibt es aktuelle Neuigkeiten, auch über Hana, die seit 2013 seine Katzenfreundin ist.

60 Matilda
Katzen im Hotel

Lange Zeit dachte man, die Geschichte der Algonquin-Hotel-Katzen hätte in den 30er Jahren des letzten Jahrhunderts mit dem Auftauchen des Streuners Rusty begonnen. Bis ein längst vergriffenes Buch des ersten Generalmanagers und späteren Besitzers Frank Case auftauchte, in dem er Arbeit, Leben und die erste Katze im Hotel beschrieb: Billy. Dieser Kater begründete damit bereits in den frühen 20er Jahren die Tradition der Algonquin-Hotel-Katzen in New York und begrüßte die ebenso illustren wie trinkfesten Gäste des Algonquin Round Table rund um die Schriftstellerin Dorothy Parker. Billys Nachfolger wurde der berühmte Rusty, der zu Ehren des Schauspielers John Barrymore nach dessen größter Rolle in Hamlet umbenannt wurde.

Die seit Dezember 2010 regierende Hotel-Katze heißt Matilda und ist insgesamt die elfte in einer Reihe von bisher sieben Hamlets, zwei Matildas und dem ersten Billy. Die Tradition besagt zudem, dass die Katze eine zuvor heimatlose Katze gewesen sein muss, die im Hotel ein neues Zuhause findet. So stammt auch die amtierende Matilda aus einem Tierheim und genießt ihr neues Leben in vollen Zügen – Pardon – vollen Hotelhallen. Sie wird täglich gebürstet, zu ihrem Geburtstag gibt es eine große Feier, und die Hotelküche bereitet ihre Mahlzeiten zu. Die Chaiselongue gleich links neben dem Eingang ist für Matilda reserviert. Ihr eigener Chief Cat Offizier, Alice de Almeida, kümmert sich um Matildas leibliches und seelisches Wohl. Mathilda trinkt ihre Milch nur aus einem Champagnerglas, und sie hat einen Ghostwriter, der für sie E-Mails beantwortet. Denn als moderne Katze mit Stil ist sie natürlich in den sozialen Netzwerken präsent, wo die Fans aus aller Welt ihre Aktivitäten verfolgen und mit ihr in Kontakt treten können.

Im Hotel liegt sie auf dem Empfangstresen und begrüßt die Ankommenden mit hoheitsvoller Miene. Zum Entzücken der Gäste.

Adresse The Algonquin Hotel, 59 West 44th Street, New York, NY 10036, USA, algonquinhotel.com, Matilda hat eine eigene Mailadresse: matildaalgonquincat@algonquinhotel.com.

61 Max 1
Verrückt nach Bällen

Auch Sheila gefällt mir heute – sieht, dass Emil steil geht – und prompt ist der Ball bei Emil gelandet – im Rosenbeet – spitzer Winkel zum Gartenstuhl – da kommt der Ball auf Max – der dreht sich um die eigene Achse – schießt und Tor! – Tor durch Max, den Kater!

Und die Zuschauer auf den Rängen jubeln. Die Zuschauer bestehen hier aus der Familie, zu der der dreijährige Norwegische Waldkater Max, sein Bruder Emil und die schwarze Hauskatze Sheila gehören. Max ist der Verrückte mit dem Ball. Sein Fußballfeld ist der heimische Garten, und die Bälle sind aus Filz, Gummi oder Schaumstoff. Hauptsache, Max kann sie gut mit den Zähnen packen, durch die Gegend schleudern, ihnen hinterherjagen und dabei laut schreien. Das gehört bei ihm nämlich ebenfalls dazu, wenn er auf dem Spielfeld steht. Wenn Emil und Sheila keine Lust haben, mit Max zu kicken, trainiert er allein, aber mit genauso viel Spaß und Ausdauer.

Emil nach innen geflankt – Kopfball – abgewehrt – aus dem Hintergrund müsste Max schießen – Max schießt – Tooooor! Tooooor! Tooooor! Tooooor!

Um es kurz zu machen – Max ist verrückt nach Bällen. Sieht man einmal davon ab, ist er die meiste Zeit der nette, verschmuste Kater von nebenan: Möchte er nach draußen, steht er so lange vor der Terrassentür und fordert Auslass, bis ihm jemand die Türe öffnet. Er genießt seine Leckerlis und lässt sich gerne ausgiebig bespielen. Seine Familie beschreibt ihn augenzwinkernd als durchgeknallten Kater-Clown.

Und jetzt kommen sie noch mal, die Katzen über die linke Seite – Ball kommt in die Mitte rein – die Möglichkeit für Max – Toooooooor! Tooooor für die Katzen! Max, der Kater, macht das eins zu null!

Trotz des Verwöhnprogramms zeigt er von Starallüren keine Spur. Dabei hätte er allen Grund dazu, kürte ihn doch das Publikum im Herbst 2015 zu einer der 111 Katzen, die man kennen muss.

Aus, aus --- aus!! Das Spiel ist aus! Max ist Weltmeister!

62 Max 2
Ein Zwilling ganz besonderer Art

Max ist ein Model. Max ist eine Muse. Max wurde bereits auf Fotos in Zeitschriften, auf Gemälden und als kleine Katzen-Engel-Putte verewigt. Und Max liebt es. Der gefleckte Kater mit der schwarzen Nase scheint die Kamera geradezu zu riechen. Kleine Kunststückchen sind kein Problem für ihn. Ob »Sitz«, ob »Leg dich« oder »Dreh dich« – für ein Leckerchen ist immer noch Platz, selbst wenn der Futternapf gerade ratzeputz leer gefressen wurde. Wenn der zehnjährige Max gut drauf ist und es besonders eilig hat, erledigt er sogar alles auf einmal – ungefragt und freiwillig. Dabei ist er unter seinen Fans weniger als Artist denn als Lebekater und »Trinker« bekannt. Wurde er doch dabei erwischt, wie er heimlich an der Bierflasche nuckelte.

Ob es diese Eigenschaft war, die ihm zu einer ganz besonderen Ehre verholfen hat, oder ob es sein überaus großer Charme oder seine Redseligkeit war, lässt sich heute nicht mehr feststellen. Was aber feststeht, ist, dass Max der erste Katzen-Filz-Zwilling war, der das Licht der (Nadel-)Welt erblickte, als er die Filzkünstlerin Trixi Geng dazu inspirierte, sein naturgetreues Ebenbild zu schaffen. Diese Miniatur war der Start zu einer langen Reihe von Katzen-Filz-Zwillingen, die ihren jeweiligen Vorbildern wie aus dem Gesicht oder besser gesagt wie aus dem Fell geschnitten aussehen.

Für die kleinen Katzenkunstwerke wird allerdings kein Katzenhaar gekrümmt. Geng nutzt ausschließlich Filzwolle in Fellfarben. Nur die Schnurrbarthaare sind echt – auf natürlichem Wege ausgefallen und akribisch gesammelt.

Max gibt es mittlerweile in vielen Filzversionen, und er ziert – Ehrensache – gemeinsam mit seinem Zwilling die Titelseite des wolligen Internetauftritts der Filz-Zwillinge. Nur eines darf man nicht machen. Die beiden allzu lange allein miteinander spielen lassen. Denn ob danach noch eine große Ähnlichkeit festzustellen ist, ist mehr als fraglich.

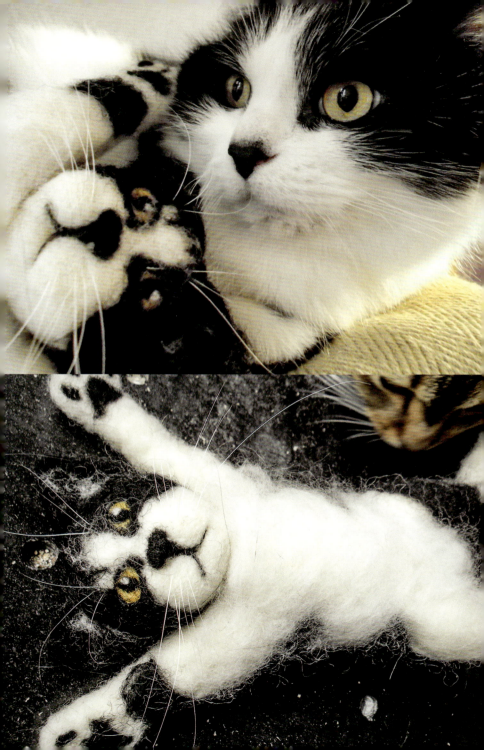

63 Mikesch
An den richtigen Fäden ziehen

Von seiner Größe her nach könnte Mikesch ein ganz normaler schwarzer Kater sein. Auch das weiße Mäulchen und die hellen Innenseiten seiner Ohren sind durchaus nach Katzenart. Damit haben sich die Gemeinsamkeiten mit einer echten Katze allerdings schon erledigt. Denn Mikesch trägt eine Jacke mit buntem Muster, trägt braune Stulpenstiefel und liebt das Motorradfahren. Dass er sprechen kann, wundert bei dieser Kombination auch niemanden mehr.

Wirklich einzigartig macht Kater Mikesch aber noch etwas anderes: Er war der Kater-Star der 60er und 70er Jahre. Kater der Herzen für jedes Kind und seine Fernsehsendung in der ARD der absolute Straßenfeger. Basierend auf dem Buch des tschechischen Autors Josef Lada aus den 30er Jahren des letzten Jahrhunderts und dessen Übersetzung durch Otfried Preußler schrieb der Dramaturg der Augsburger Puppenkiste, Manfred Jenning, die Geschichte des sprechenden Katers: Mikesch wirft aus Versehen Großmutters Rahmtopf zu Boden, der zerbricht, und Mikesch bricht auf in die Welt, um Geld für einen neuen zu besorgen. Arbeit findet er schließlich beim Zirkus Klutzki. Mit einem neuen Rahmtopf und Mitbringseln für seine Freunde kehrt er in sein Heimatdorf Holleschitz zurück und findet zu seinem Entsetzen bereits seinen Nachfolger vor. Einen kleinen weißen Kater namens Maunzerle, der zwar auch schon ein bisschen sprechen kann, aber natürlich lange nicht so gut wie Mikesch selbst.

Die sechs Schwarz-Weiß-Folgen wurden unter der Regie von Harald Schäfer verfilmt. Max Bößl lieh Mikesch seine Stimme. Am 22. November 1964 ging Mikesch das erste Mal auf Sendung.

In Farbe durften ihn seine Fans ab 1985 bewundern. Sepp Strubel zeichnete für die vierteilige Serie verantwortlich, die es seit 2004 auch auf DVD gibt und die Mikesch, diesmal gesprochen von Winfried Küppers, auch heute noch einen Platz in vielen Kinderherzen sichert.

Adresse Augsburger Puppenkiste, Spitalgasse 15, 86150 Augsburg, www.augsburger-puppenkiste.de

64 __ Minneke Poes
Die geschenkte Königin

Ihr Gatte, in schwarzem Frack und grauem Zylinder, ist sechs Meter hoch und wiegt 180 Kilogramm. Über ihr eigenes Gewicht schweigt sie, obwohl es beachtlich sein dürfte. Dabei macht Minneke Poes eine gute Figur in dem ausladenden Rock, dem schwarzen Corsagenoberteil und der roten Jacke. Ganz wie ihr Designer Frans van Immerseel es sich vorgestellt hatte. Unbestritten ist sie die Königin der Katzen, derer zu Ehren alle drei Jahre im Mai die Parade auf dem großen Katzenfest im belgischen Ypern stattfindet.

Ursprünglich Ehrenbürgerin der westflandrischen Stadt Zwevegem, nahm die gigantische Figur am 8. Mai 1960 an einem Austausch zwischen der dortigen Bärenparade und der Katzenparade der Stadt Ypern teil. Cieper, der König des Katzenfestes, so wird berichtet, verliebte sich augenblicklich so sehr, dass er sofort Feuer fing. Im wahrsten Sinne des Wortes, an einigen losen Kabeln Minnekes. Aber die Liebe siegte, und Minneke durfte als Spende der Stadt Zwevegem für immer in Ypern bleiben und an der Parade teilnehmen – ab 2003 in komplett renoviertem Zustand.

Die Parade des Katzenfestes, deren Hauptattraktion die beiden sind, lockt nicht nur über 2.000 Einwohner als »katztümierte« Statisten, sondern auch Tausende Zuschauer auf die Straße. Wenn der Umzug nach drei Stunden vor dem Glockenturm der Stadt endet, ist das Schauspiel noch nicht vorbei. Unter großem Gejohle wirft der Stadtnarr Plüschkatzen vom Turm in die Menge.

Bei aller Gaudi sollte man den ernsten historischen Hintergrund dieses Festes nicht vergessen. Bis ins Jahr 1817 wurden im Frühjahr lebende Katzen vom Turm geworfen, um sie zu töten. Bis dahin hatten sie ihre Mausefänger-Dienste in den Wollspeichern der Stadt brav geleistet. War die Wolle verkauft, gab es keine Verwendung mehr für die Katzen. Am sogenannten Katzenmittwoch, dem letzten Tag des Festes, hatte dann ihr letztes Stündlein geschlagen.

Tipp Informationen zum nächsten Kattenstoet findet man unter www.kattenstoet.be | **Adresse** Tourismus Ypern, Tuchhalle, Grote Markt 34, 8900 Ypern, Belgien | **Öffnungszeiten** täglich 9–18 Uhr, Sa und So ab 10 Uhr

65 Momo & Mogli
Polizeikatzen im Staatsdienst

Ihr Beruf: Polizeikatzen. Ihr Auftrag: Mäusejagd. Ihr Einsatzort: Die Stallungen der Reiterstaffel in München-Riem.

Hier leben 36 Pferde der Münchner Polizei und warten auf ihre Einsätze an den Fußballstadien, im Englischen Garten, an der Isar und an den Münchner Badeseen. Auf dem Gelände der Liegenschaft befinden sich neben den Stallungen noch eine Reithalle, Koppeln und Führanlagen. Eine Menge Platz und vor allem in den Futterlagern ein reich gedeckter Tisch für Mäuse.

Und so liest sich die Beschreibung der »Aufgaben einer Polizeikatze bei der Reiterstaffel« dann auch folgerichtig: »Die primäre Aufgabe unserer Dienstkatze ist das Fernhalten von Mäusen im Dienststellenareal München-Riem, um eine Verunreinigung der Pferdefuttermittel (Hafer oder Müsli) zu verhindern.« Die im Mäusekot und -urin enthaltenen Bakterien können die Pferde krank machen. Die Folge wären hohe Tierarztkosten, die zeitweise Dienstunfähigkeit der Pferde oder sogar deren Tod. Momo und Moglis Einsatz ist also in erster Linie eine kostengünstige Gesundheitsvorsorge für ihre vierbeinigen Kollegen.

Was ihr Ansehen unter den menschlichen Polizeikollegen nicht schmälert. Im Gegenteil. Die beiden im Sommer 2007 geborenen Polizeikatzen erfreuen sich großer Beliebtheit und bekommen neben reichlich Streicheleinheiten jede Menge Leckerlis als Belohnung nach erfolgreicher Jagd in den Pferdeboxen.

Die Beweismittel in Form der Mäuseleichen werden ordnungsgemäß von den beiden für den Dienststellenleiter vor der Stalltüre abgelegt. Nach getaner Arbeit entspannen Mogli und Momo gerne an ihrem Lieblingsplatz, einem Blumentopf im Innenhof. Im Winter findet man sie eher zwischen den Strohballen oder auf dem Dachboden.

Momo und Mogli stehen seit 2007 im »verbeamteten« Dienst der Reiterstaffel. Ihr Unterhalt und ihre Versorgung werden von der Dienststelle getragen, solange die beiden leben.

66 __ Mr. Lee
Der Starfotograf

Katzen sind neugierig. Das ist allseits bekannt. In Mr. Lees Fall wollte aber auch sein Herrchen wissen, was den Kater umtrieb. Woher kamen die Kampfspuren, mit denen er oft nach Hause kam? Wo ging er hin, wenn er stunden- oder tagelang nicht nach Hause zurückkehrte?

Also entwickelte der deutsche Ingenieur Jürgen Perthold, der in South Carolina in den USA lebt, im Jahr 2007 die CatCam. Nach mehreren Versuchen mit unterschiedlichen Modellen hatte er schließlich Erfolg. Die CatCam besteht aus einer 30 Gramm schweren Minikamera, eingepackt in ein wasserdichtes Kunststoffgehäuse, die jede Minute ein Foto schießt. Perthold band sie Mr. Lee um und schickte ihn auf Fotosafari. Die Ergebnisse verblüfften nicht nur den Ingenieur. Neben den Erkenntnissen über den Lebenswandel seines Katers – er trifft sich mit anderen Katzen, liebt es, unter Autos zu sitzen, und besucht regelmäßig eine rote Katzenschönheit – sind unter den mehr als 500 Bildern eines Streifzuges immer auch einige echte Kunstwerke, die den Vergleich mit professionellen Aufnahmen nicht scheuen müssen. Dabei ist es die Katzenperspektive, die die Bilder so ungewöhnlich und interessant macht.

Perthold stellte die Bilder ins Internet. Die Resonanz war überwältigend. Stellenweise brach die Seite sogar zusammen. Zu viele Katzenbesitzer wollten die Bilder nicht nur sehen, sondern auch wissen, wie sie für ihre eigenen Vierbeiner an eine solche Kamera kommen konnten. Seitdem gibt es für alle Interessierten auf Mr. Lees Internetseite eine Bauanleitung.

Doch damit nicht genug. Die Qualität der Bilder überzeugte die Jury des »weltgrößten kleinen Fotopreises« De Kleine Hans, die im Jahr 2007 den Preis an Mr. Lee vergab. Die fünf holländischen Fotografen, deren aller Vornamen Hans lautet, vergeben den Preis jährlich an nicht professionelle Fotografen, die den Alltag in unprätentiösen Bildern festhalten.

67_Mrs. Chippy
Not a lady but a gentleman

Sein Leben im Eis der Antarktis war hart und abenteuerlich, sein Tod tragisch. Mrs. Chippy, die Katze des Chippy genannten Schiffszimmermanns Harry McNish, kam mit diesem auf die Endurance, um auf der Antarktisexpedition als Schiffskatze zu dienen. McNish hatte Mrs. Chippy von Freunden aus seiner schottischen Heimat bekommen. Erst nach der Katzentaufe entdeckten die Matrosen, dass die Mrs. keine Dame, sondern ein Herr war. Allerdings störte sich daran niemand.

Mrs. Chippy erfreute sich größter Beliebtheit. Hinter seinem mächtigen Backenbart und seinem gutmütigen Wesen verbargen sich ein perfekter Mauser und ein tapferes Katerherz. Etliche Tagebucheinträge verschiedener Besatzungsmitglieder berichten über seinen besonderen Charakter.

Am 13. September, einen Monat nach Beginn der Reise, sprang Mrs. Chippy durch ein Bullauge ins Meer. Der wachhabende Offizier fuhr daraufhin ein Mann-über-Bord-Manöver und rettete ihn aus dem kalten Meer, in dem er mehr als zehn Minuten ausgehalten hatte.

Seine Abenteuerlust bewies er oft und gerne, indem er über die Hundekäfige stolzierte und die kläffenden Schlittenhunde mit hocherhobenem Schwanz ignorierte.

Die Expedition der Endurance scheiterte am 27. Oktober 1915, als das Schiff vom Packeis eingeschlossen und zerquetscht wurde. Ernest Shackleton entschied, alle Tiere, die keinen direkten Nutzen mehr hatten, zu erschießen. Neben drei Hundewelpen und einem störrischen Schlittenhund stand auch Mrs. Chippy auf der Todesliste. Die Mannschaft erhob Einspruch – leider vergeblich. Der Schiffszimmermann McNish verzieh Shackleton die Erschießung seines Katers bis an sein Lebensende im Jahr 1930 nicht.

Erst 1959 errichtete die New Zealand Antarctic Society ein Grabmal auf Harry McNishs letzter Ruhestätte auf dem Karori Friedhof in Wellington. Hier liegt Mrs. Chippy nun in Bronze gegossen und ist wieder mit seinem Herrchen vereint.

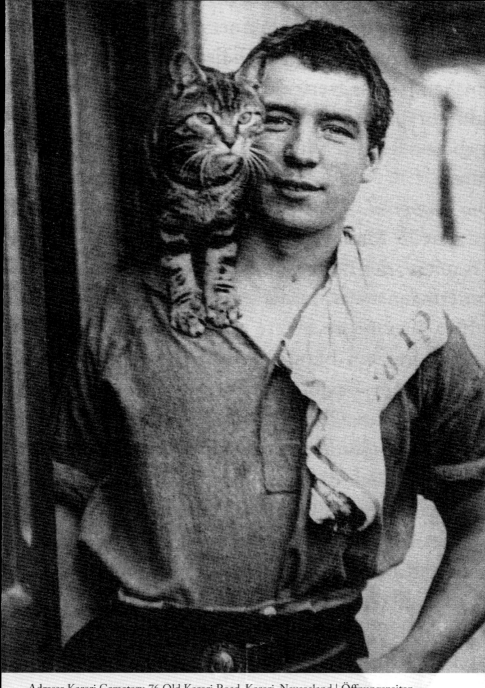

Adresse Karori Cemetery, 76 Old Karori Road, Karori, Neuseeland | **Öffnungszeiten** Mo–So 7.30 Uhr bis zur Dämmerung

68 Muezza

Die Katze des Propheten

Eines Tages erwachte der Prophet Mohammed – Allahs Frieden und Segen seien auf ihm – vom Ruf des Muezzins. Er erhob sich und wollte sein kostbarstes Gewand zu Ehren des Herrn anlegen. Doch da entdeckte er seine Lieblingskatze Muezza, die sich schnurrend auf dem Ärmel des Gewandes zusammengerollt hatte und einen tiefen Katzenschlaf schlief. Der Prophet – Allahs Frieden und Segen seien auf ihm – zögerte nicht eine Sekunde. Anstatt Muezza zu wecken, griff er zur Schere und schnitt den Ärmel des kostbaren Gewandes ab, immer darauf bedacht, die Katze nicht zu stören.

So weit die schöne Legende von Muezza, der Lieblingskatze des Religionsgründers Mohammed. Im Gegensatz zu den Hunden sind die Katzen im arabischen Kulturraum nicht »najis«, nicht unrein, sondern als Haustier, das Ungeziefer von den Kornspeichern und Häusern fernhält, sehr beliebt. Sicher schwingen in dieser Tradition noch die Rollen mit, die die Katze bei den alten Ägyptern im Götterreigen spielte.

Bei Muezza handelte es sich mit großer Sicherheit um eine helle Langhaarkatze, ähnlich den heutigen Van-Katzen. Einer weiteren Legende zufolge zeigen die charakteristischen Fellzeichnungen am Kopf die Stelle an, an der Mohammed Muezza zur Begrüßung oder zum Abschied gestreichelt haben soll.

Und noch eine weitere Geschichte von Muezza wird berichtet:

Als der Prophet eines Abends in sein Gebet vertieft war, kroch eine Schlange unbemerkt durch das Zimmer, um ihn zu beißen. Doch die treue Muezza war wachsam und wollte ihren Herrn schützen. Sie griff die Schlange furchtlos an und kämpfte mit ihr. Die Schlange wehrte sich, aber schließlich siegte Muezza und tötete die Schlange mit einem festen Biss. Als der Prophet sein stilles Gebet beendet hatte, nahm er Muezza auf den Schoß und streichelte ihr zum Dank den Bauch. Seitdem fallen alle Katzen immer auf die Beine, weil sie Mohammed das Leben gerettet haben.

»Sollte jemand eine Katze töten, müsste er 17 Moscheen errichten, um diese schwere Sünde auszugleichen.« – Mohammed (570–632), Begründer des Islam

69__Muschi (& Mäuschen)

Wie sich eine Katze einen Bären aufband

Der Direktor bezeichnete sie als »Sputnik«, der plötzlich aufgetaucht sei. Im Jahr 2001 saß Muschi eines Tages im Bärengehege des Berliner Zoos und nahm wie selbstverständlich an den Fütterungen teil. Nicht alle Bewohner des Geheges waren glücklich mit der neuen Mitbewohnerin und zeigten das auch sehr deutlich. Muschi wurde verscheucht und gejagt. Nur die alte Kragenbärin Mausi schien sie zu mögen. Sie nahm die schwarze Katze in ihre Obhut und beschützte sie vor den anderen. Mit der Zeit wurden die beiden ein unzertrennliches Paar. Muschi und Mäuschen teilten das Futter, kuschelten und spielten miteinander. Mäuschen behandelte Muschi wie ein eigenes Junges, pflegte und liebte sie. Die Katze dankte es mit Vertrauen und schlief jede Nacht zwischen den riesigen Tatzen der Bärin. Schnell avancierten sie zur Besucherattraktion des Zoos, internationale Zoologen reisten an, um das seltene Paar zu begutachten, und Bilder der beiden gingen um die Welt.

Doch 2003 wurde ihre Freundschaft zum ersten Mal auf eine harte Probe gestellt. Als Mäuschen wegen Umbau des Bärengeheges vorübergehend in einen Käfig ziehen musste, maunzte und schrie Muschi tagelang herzzerreißend vor der Tür, bis die Pfleger und der Zoo-Vorstand ein Einsehen hatten: Die tiefe Liebe und Freundschaft siegten über die vorgeschriebenen Regeln. Die letzten Monate bis zum Umzug auf das neue Gelände verbrachten die beiden gemeinsam »hinter Gittern«.

Weitere sieben Jahre in der neuen Umgebung waren den beiden Freundinnen unter der liebevollen und fachmännischen Obhut des Tierpflegers und Ersatzvaters des Eisbären Knut, Thomas Dörflein, vergönnt. Im November 2010 starb die Kragenbärin im hohen Alter von 43 Jahren.

Es dauerte lange, bis Muschi ihre Trauer überwunden hatte und einen neuen, diesmal artgleichen Freund fand. Heute leben die beiden Katzen als Lieblinge der Pfleger weiter im Bärenrevier.

Adresse Zoologischer Garten Berlin, Hardenbergplatz 8, 10787 Berlin | **Öffnungszeiten**
25. Okt.–14. März täglich 9–17 Uhr, 15. März–24. Okt. täglich 9–18.30 Uhr,
24. Dez. 9–14 Uhr. Die Kassen und Tierhäuser schließen eine Stunde vor Zooschluss.
www.zoo-berlin.de

70 Myōbu Omoto
Die fünfte Hofdame des Kaisers

In Japan, wohin die Katze als Haustier von China aus gelangte, konnten sich einige auserwählte Katzen besonderer Zuwendung erfreuen. Kaiser Ichijō, dessen Regierungszeit von 986 bis 1011 dauerte, liebte Katzen sehr und besaß selbst einige Tiere, wie die Schriften aus der Hochzeit der japanischen Literatur berichten. Besonders unter den Hofdamen am kaiserlichen Hof in Kyôtô war das Schreiben der erbaulichen Geschichten sehr beliebt. Von einer von ihnen, Sei Shonagon, der Hofdame der Gemahlin Ichijōs, wissen wir von Myōbu Omoto. Sie war die Lieblingskatze des Kaisers. Er hatte ihr den Rang einer Hofdame fünften Ranges zugesprochen, den niedrigsten der oberen Ränge. Damit stand sie über den gewöhnlichen Höflingen und den Hofbeamten auf den Rängen sechs bis zwölf. Das bedeutete ebenfalls, dass sie berechtigt war, dem Herrscher vor das Antlitz zu treten. Myōbu Omoto verfügte über eine eigene Amme, wie es ihrem Stand entsprach.

Als Myōbu Omoto eines Tages nicht gehorchte, wollte die Amme sie erschrecken und jagte einen Hund auf sie. Der führte sich aber wilder auf, als die Amme es erwartet hatte, und stürzte sich auf Myōbu Omoto. Die floh blindlings, geriet in die Gemächer des Kaisers und versteckte sich in seinem weiten Ärmel. Damit verstieß sie gegen das Hofprotokoll. Niemand durfte den Kaiser ohne ausdrückliche Erlaubnis sehen und erst recht nicht berühren. Der Kaiser verstand aber die Situation sofort und beschützte Myōbu Omoto vor ihrem Verfolger. Die schuldige Hofdame wurde auf der Stelle entlassen, der Hund verjagt.

Eine weitere Geschichte berichtet von einem Wurf junger Katzen, deren Geburt mit einer Festzeremonie an vier Abenden hintereinander gefeiert wurde, wie sie sonst nur bei der Geburt eines hochrangigen Kindes üblich war.

Ob es sich bei dem Wurf um Junge von Myōbu Omoto gehandelt hat oder ob sie selbst eines der Kätzchen war, ist nicht überliefert.

71_Mysouff
Der Treue und das Biest

So phantasievoll sich der französische Schriftsteller Alexandre Dumas beim Schreiben seiner Bücher »Die drei Musketiere« und »Der Graf von Monte Christo« erwiesen hat, so wenig kreativ war er beim Finden von Namen für seine Katzen. Die rief er der Einfachheit halber alle Mysouff und nummerierte dann durch.

Mysouff den Ersten beschrieb Dumas in seinem Buch »Die Geschichte meiner Tiere« mit großer Faszination für dessen Verhalten. »Das Tier hatte eindeutig seine Bestimmung verfehlt, es hätte auch als Hund geboren werden können.« Mysouff hatte es sich zur Angewohnheit gemacht, seinen Herrn auf dem Weg zu seinem Büro nicht nur am Morgen ein Stück zu begleiten, sondern auch am Abend pünktlich um halb sechs an der Straßenecke auf ihn zu warten. Gemeinsam gingen sie dann das letzte Stück des Heimwegs. Besonders bewunderte Dumas die Fähigkeit des treuen Katers, seine Termine vorauszusehen. Denn obwohl dem Tier die Tür geöffnet wurde und er das Haus hätte verlassen können, blieb er gemütlich auf seinem Kissen liegen, wenn der Schriftsteller erst später nach Hause kam, meldete sich aber dann zur rechten Zeit und verlangte Auslass.

Jahre nach Mysouffs Tod fand die Köchin des Schriftstellers eine kleine schwarz-weiße Katze im Keller des Gebäudes und überredete Dumas, diese zu behalten, obwohl zur Menagerie des Hauses zu diesem Zeitpunkt bereits drei Affen und ein Schwarm seltener Vögel gehörten. Mysouff der Zweite verstand sich wohl besonders gut mit den drei Affen, denn eines Tages versorgten die ihren vierbeinigen Freund mit einem exquisiten Frühstück. Sie öffneten die Tür zur Voliere, und Mysouff ließ sich nicht lange bitten.

In einer eilig einberufenen »Gerichtsverhandlung« wurde Mysouff zu fünf Jahren Affenkäfig verurteilt. Dazu kam es aber nicht mehr, da der Dichter aufgrund finanzieller Engpässe die Affen samt Käfig verkaufen musste und Mysouff auf Mäusediät gesetzt wurde.

72 Natalie – Hinter Gittern
Katzen im Knast

Auch wenn sie in erster Linie ein Mittel zum Zweck ist, geht es Natalie dort, wo sie heute lebt, sehr gut. Die ehemalige Straßenkatze wanderte ins Gefängnis und wird von da aus in ein endgültiges Zuhause vermittelt werden. Ein Vorhaben, das ohne ihre »Resozialisierung« in der Strafanstalt keine Aussicht auf Erfolg gehabt hätte. Ihr drohte sogar die Einschläferung. Denn Natalie galt als schwer vermittelbar, sie war ängstlich, scheu und aggressiv, wenn eine Situation ihr unsicher erschien. Ihr letztes Mittel hieß dann Fauchen, Kratzen, Zuschlagen. Ein ähnliches Verhalten brachte ihren menschlichen Mitbewohner an diesen Ort. Jetzt arbeiten sie beide daran, neue Verhaltensweisen zu erlernen, die ihnen ein Leben außerhalb der Gefängnismauern ermöglichen sollen.

In der Haftanstalt in Yacolt, Washington, lebt Natalie in einer eigens für Katzenbedürfnisse eingerichteten Zelle mit zwei Gefangenen zusammen. Für die Männer ebenfalls eine deutliche Verbesserung, teilten sie sich zuvor doch einen Schlafsaal mit 40 anderen. Damit sie in das Katzen-Programm aufgenommen werden konnten, mussten sie im Vorfeld bereits durch gute Führung aufgefallen sein. Hier können sie nun lernen, Verantwortung für ein anderes Lebewesen und damit auch für sich zu übernehmen. Die Regeln sind streng, und bei Verfehlungen droht den Männern der Abbruch des Programms.

Auch in Deutschland ist das Konzept der tierischen Therapeuten angekommen, wird aber noch nicht gezielt eingesetzt. Einige Haftanstalten beheimaten Katzen lediglich in ihrer Funktion als Mäusejäger. In Berlin-Tegel ist man einen kleinen Schritt weiter. Hier wohnen zwei Katzen, Bonnie und Clyde, bei den Sicherungsverwahrten, also bei den Straftätern, die auch nach Verbüßung ihrer Haft aus Sicherheitsgründen im Gefängnis bleiben müssen.

Es bleibt abzuwarten, ob auch in Deutschland Modelle Fuß fassen, von denen Mensch und Katze gleichermaßen profitieren.

73_Nedjem
Die erste Katze mit eigenem Namen

Der zweite Priester des Amun, Puiemre, muss seine Katze sehr geliebt haben. Anders lässt es sich nicht erklären, dass ihr Name auf den Wandreliefs seines Grabes zu finden ist. Nedjem hieß sie oder in einer anderen Interpretation des Hieroglyphen Nedjemet. Beides bedeutet so viel wie »die Süße« oder »die Angenehme«. Nedjem lebte zusammen mit ihrem Herrn um das Jahr 1460 vor Christus zu Zeiten der Pharaonin Hatschepsut, die für ihren Stiefsohn und Neffen Thutmosis III. die Regentschaft übernahm.

Ungewöhnlich ist diese Namensgebung vor allem deshalb, weil damit die Katze aus der Rolle des Nutztiers, also der reinen Mäusefängerfunktion, herausgehoben und personalisiert wurde. Für die Wissenschaftler ein weiterer sehr wichtiger Baustein bei der Erforschung der Frage, wie die Katze zum Schoßtier des Menschen wurde.

Die Gräber des alten Ägypten geben noch mehr Auskünfte. Im Grab von Bakt III. in Beni Hassan findet sich die allererste Darstellung einer domestizierten Katze überhaupt. Die Zeichnung einer Begegnung einer Katze mit einer Maus oder Ratte stammt aus dem Jahr 1950 vor Christus. Ebenfalls interessant ist der Umstand, dass viele Menschen zu dieser Zeit Namen hatten, in denen das Wort Katze oder Kater ein Bestandteil war, wie Pa-miu oder Ta-miit.

Gefüttert wurde Nedjem vermutlich mit Brot, Milch und rohen Fischabfällen. So wie die Katze, deren Bild im Grab des Sennefer zu finden ist. Die Katze hockt unter einem Stuhl. Vor ihr steht ein Schälchen mit Fleisch und grätenartigen Knochen.

Mittlerweile geht man davon aus, dass die Domestizierung der Katzen zwischen 2000 und 1000 vor Christus in Ägypten abgeschlossen war. In vielen Schriften wird über ihr Aussehen, ihr Verhalten, ihre Biologie und ihre Rolle in der Religion und Gesellschaft berichtet. Nedjem selbst wird das alles wenig interessiert haben, wenn sie schnurrend um Puiemres Beine strich und auf ein Leckerchen hoffte.

74__Newtons Katze
Katzen, die auf Türen starren

Kennen Sie das? Sie sitzen gemütlich in ihrem Sessel und lesen ein gutes Buch. Zum Beispiel dieses hier. Sie sind ganz versunken. Plötzlich wird Ihre Konzentration durch ein Geräusch gestört. Jemand kratzt an der Tür und will hinein. Seufzend legen Sie das Buch zur Seite, stehen auf und öffnen die Tür. Ihre Katze betritt den Raum, ignoriert Sie und geht ihrer Wege. Sie setzen sich wieder, machen es sich gemütlich und vertiefen sich wieder in den Text. Da! Wieder das Geräusch. Die Katze. Sie steht an der Tür, schaut zuerst Sie sehr vorwurfsvoll an und dann durch die geschlossene Tür hindurch. (Das können nur Katzen, achten Sie mal darauf!) Das Buch wieder zur Seite legen, aufstehen, Katze rauslassen, setzen, lesen. Für exakt eine halbe Minute.

Kratzen, Buch zur Seite schleudern, fluchen, Katze reinlassen, Türe zuknallen. Kratzen …

So könnte es ewig weitergehen, wenn es nicht die wunderbarste Erfindung in der Welt des Katzenzubehörs gäbe: die Katzenklappe.

Ob es vorher eine Art Vorläufer gegeben hat, wie ihre Erwähnung im 14. Jahrhundert in den »Canterbury Tales« des Geoffrey Chaucer vermuten lässt, bleibt im Ungewissen. Erfunden hat sie, so wird es jedenfalls behauptet, einer der größten Erfinder aller Zeiten, Isaac Newton (1643–1727). Bei Experimenten durch seine Katze dermaßen in der Konzentration gestört, sägte er kurzerhand zwei Löcher in die Wand, durch die seine Katze und ihre Jungen ein und aus gehen konnten. Als der Herbst kam, verhängte er die Löcher, damit kein kalter Luftzug durchkam. Problem gelöst.

Eine weitere Geschichte darüber, wie Newtons Katzen ihn inspiriert haben, ist ebenfalls überliefert. Angeblich sei es sein Kater gewesen, der auf einer Kletterpartie durch den Apfelbaum die Frucht gelöst und Newton so auf die Theorien zur Gravitation gebracht habe. Ob das alles so stimmt, sei dahingestellt. Gut vorzustellen ist es auf jeden Fall.

»O du dummer Bursche«, rief der Gelehrte schließlich, »wüßtest du, zu welchem Geschenk du mir und der Menschheit verholfen hast. Aber was verstehst du von der Schwerkraft!«
aus: Ehm Welk, Die wundersame Freundschaft (1940)

75_Nora
Die Klavierspielerin

Liest man die Biografien großer Musiker, findet man strenge und ehrgeizige Väter, entbehrungsreiche Zeiten, vom Üben bestimmte Tagesabläufe, häufig Schläge und Tränen. Von Tierheimen liest man eher selten. Und doch beginnt hier das Leben einer Musikerin, die unbestritten zur Nummer eins in ihrem Metier aufsteigen sollte. Nora, die Klavier spielende Katze.

Als die Klavierlehrerin Betsy Alexander und der Fotograf Burnell Yow das Kätzchen 2004 adoptieren, ahnen sie nicht, in welche Richtung sich ihr gemeinsames Leben entwickeln wird. Zunächst scheint auch alles ganz normal. Nora, benannt nach der Malerin Leonora Carrington, ist eine energische kleine Dame und macht den anderen Katzen im Haus das Leben nicht gerade leichter. Mit vielen Tricks versuchen Betsy und Burnell, sie zu integrieren. Aber erst als Nora während der Klavierstunden direkt unter dem Instrument liegen darf, wird sie ausgeglichener.

Wie groß das Erstaunen der Klavierlehrerin gewesen sein muss, als sie Nora zum ersten Mal auf dem Klavierhocker entdeckte, die Pfoten auf den Tasten, und ein leises pling, pling, pling ertönte, kann man sich vorstellen. Auch dass sie zunächst an einen Zufall dachte, ist verständlich. Erst als Nora sich während der Stunden neben die Schüler setzte und diese im selben Rhythmus und auch in derselben Tonlage zu begleiten begann, erkannte sie Noras besonderes Talent.

Mit dem ersten Video, von ihren Schülern auf YouTube eingestellt, startete Noras »Weltkarriere«. Millionenfach wurden ihre Videos angesehen, Nachrichtensender und Zeitungen aus aller Welt berichteten über Nora, und der litauische Komponist und Dirigent Mindaugas Piecaitis hat eigens für Nora ein »CATcerto« komponiert, dessen Aufführung auch im Netz zu finden ist.

Nora schaffte es sogar bis zu einer Musikkritik in der »Londoner Times«, die ihren Stil 2007 als Mischung aus »Philip Glass und Free Jazz« beschrieb.

Tipp Noras Klavierspiel kann man auf ihrer Homepage www.norathepianocat.com lauschen. Das CATcerto findet sich unter www.catcerto.com.

76 Orangey
And the PATSY Award goes to …

Picture Animal Top Star of the Year, Tierischer Filmstar des Jahres, so ist der Name der Trophäe, die Orangey gleich zweimal erhielt und die als der Oscar für Tiere galt: zum ersten Mal 1951 für seine Titelrolle in »Rhubarb« und ein zweites Mal zehn Jahre später für seine Darstellung des namenlosen roten Katers der Holly Golightly in »Breakfast at Tiffany's«.

In »Rhubarb« – Rhabarber – spielt der rot gestromte Kater einen Hunde jagenden Streuner, der von einem einsamen Millionär aufgenommen wird. Als der Millionär stirbt, hinterlässt er Rhubarb sein gesamtes Vermögen. Das verursacht einige Irrungen und Wirrungen, bis es schließlich zu einem Happy End kommt. Orangey war am Filmset eine von 14 Katzen, die jede für sich einen bestimmten Trick erlernt hatten. Der Kater konnte auch dank seines Trainers Frank Inn das größte Repertoire aufweisen und so den größten Teil der Aufnahmen bestreiten.

In den Jahren 1952 bis 1959 trat er in der Fernsehserie »Our Miss Brooks« und den Filmen »Metaluna IV antwortet nicht«, »Die unglaubliche Geschichte des Mister C.« und »Das Tagebuch der Anne Frank« auf. 1961 macht er sich neben Audrey Hepburn unsterblich.

In »Frühstück bei Tiffany« spielt er einen freiheitsliebenden und unabhängigen Kater, der zum einen eine wirkliche Rolle in dem Film übernimmt und etliche Szenen durch seinen Auftritt maßgeblich bestimmt. Zum anderen steht sein Streben nach Ungebundenheit auch als Metapher für den Charakter der Holly Golightly, die in der literarischen Vorlage von Truman Capote über den Kater sagt: »Er ist unabhängig, und ich bin es auch.«

Nach diesem Erfolg drehte er noch drei weitere Filme, machte sich aber am Set auch manches Mal unbeliebt. So soll er seine Schauspielkollegen gekratzt und gebissen haben und auch so manches Mal vom Dreh verschwunden sein, wenn er keine Lust mehr hatte. Trotz allem Ruhm war Orangey ein echter Kater geblieben.

Tipp Der PATSY Award wurde 1939 von der American Humane Association ins Leben gerufen, nachdem ein Pferd bei einem Unfall am Filmset zu »Jesse James« tödlich verunglückt war. Mit dem Award, der bis 1986 verliehen wurde, sollte die Leistung der tierischen Darsteller geehrt werden. »Frühstück bei Tiffany« als DVD & Blu-ray erhältlich (Paramount Pictures).

77_Orvillecopter
Mit den Vögeln fliegen

Orville polarisiert. Beziehungsweise das, was sein Besitzer, der niederländische Künstler Bart Jansen, aus Orville gemacht hat. Schlagzeilen, Shitstorm, Entsetzen, Abscheu – aber auch Lob und Anerkennung für das Kunstwerk, zu dem der Kater geworden ist.

Aber von vorne: Am Anfang stand das Ende. Der Kater Orville starb durch einen Autounfall. Er wurde überfahren. Doch statt seinen Kater zu beerdigen, einzuäschern oder auszustopfen, ging sein Herrchen einen anderen Weg. Aus dem Fell des Katers konstruierte er gemeinsam mit dem Modellflugpiloten Arjen Beltmann einen Quadrocopter, ein Fluggerät mit vier Rotoren, an jeder Pfote einen. Innere Stütze und Zusammenhalt gibt ein Kunststoffgestell. Nun sei der Kater »halb Katze, halb Maschine«, sagt Jansen und betont in einem Begleittext zu den Internet-Videos, dass er auf diese Weise dem Kater Respekt zollt. Nun könne Orville endlich mit den Vögeln fliegen, nach denen er früher so verrückt gewesen sei. Den Jungfernflug absolvierte der Orvillecopter am 9. März 2012.

Weltweite Berühmtheit erlangten Orville und sein Herrchen durch die heftigen Reaktionen, die nach der Verbreitung der Flugtestvideos durch das Internet und die Presse gingen. Jansen wurde beschimpft und seine künstlerischen Absichten in Zweifel gezogen. Von Abscheu und Ekel war die Rede. Andere Stimmen fragten nach dem Unterschied zwischen Schuhen aus Rindsleder, Mützen aus Lammfell und einem Kunstwerk-Kater und verwiesen auf vorherige Kunstwerke aus toten Tieren wie die Kuhfußschuhe von Iris Schieferstein oder den in Formaldehyd eingelegten Tigerhai des Damien Hirst.

Im Sommer 2012 war der Orvillecopter in einer Amsterdamer Kunstausstellung zu sehen. Der Orvillecopter befindet sich immer noch im Besitz des Künstlers. Bleibt zu hoffen, dass der nominelle Preis von 100.000 Euro dafür sorgt, dass der Kater für immer bei seinem Herrchen bleiben kann.

78 _ Oscar 1
Besuch bei den Sterbenden

Oscar ist eine von mehreren Katzen auf der Demenzstation des amerikanischen Steere House in Providence, Rhode Island. In dem Pflege- und Rehabilitationszentrum ist man vom positiven Einfluss der Tiere auf die Patienten überzeugt. Im Jahr 2007 rückte der damals zweijährige Kater in die Schlagzeilen, als einer der behandelnden Ärzte, Dr. David Dosa, einen Artikel im »New England Journal of Medicine« veröffentlichte, der sich mit Oscars ungewöhnlichem Verhalten beschäftigte: Der ansonsten eher menschenscheue Oscar weiß, wann die Schwerkranken im Sterben liegen. Einige Stunden vorher legt der grau-weiß gefleckte Kater sich zu den Kranken und harrt dort bis zu deren Ende aus. Zunächst fiel es niemandem auf. Erst als sich seine »Trefferquote« immer weiter erhöhte, wurden die Ärzte und Pfleger aufmerksam und erkannten das Potenzial darin. Oscar gibt ihnen die Möglichkeit, die Angehörigen und Freunde der Sterbenden zu informieren. Die Pfleger verlassen sich mittlerweile blind auf Oscar. In vielen Fällen trafen die Familien deswegen rechtzeitig ein und konnten sich verabschieden.

Die Patienten selbst nehmen Oscar nicht mehr bewusst wahr. Trotzdem wirkt sich seine Gegenwart positiv auf die Stimmung im Sterbezimmer aus. Sein Schnurren wirkt beruhigend und tröstend auf alle Anwesenden. Nur sehr selten kommt es vor, dass Angehörige ihn nicht dabeihaben wollen und er aus dem Zimmer gebracht werden muss.

Die Ärzte suchen nach einer Erklärung für Oscars besondere Fähigkeit. Aber die Frage, ob es ein besonderer Geruch ist, der durch den sich verändernden Stoffwechsel auftritt, oder ob es die Ruhe und besondere Stimmung im Zimmer sind, die ihn anziehen, kann niemand endgültig beantworten.

Für seine Arbeit erhielt er im Jahr 2007 eine Auszeichnung für besonders »mitfühlende Hospiz-Pflege«. Die Urkunde hängt eingerahmt auf dem Flur der Station.

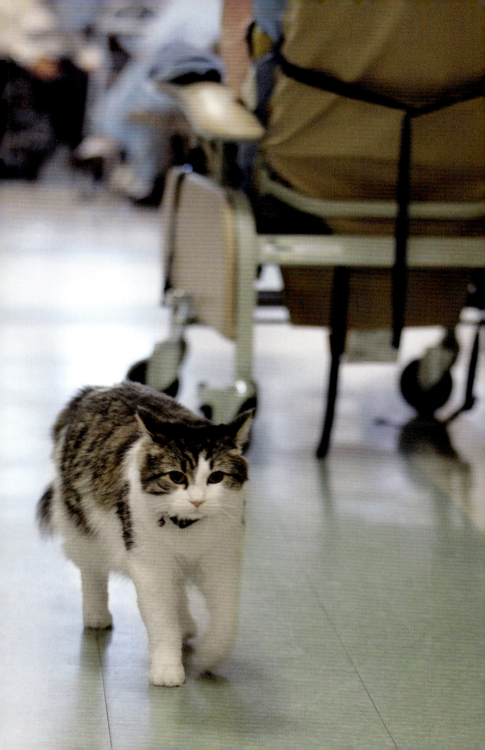

79 _ Oscar 2
The Unsinkable Sam

Schwarze Katzen bringen dem Aberglauben nach Unglück, wenn sie von links nach rechts laufen. Für Schiffskatzen kann das nicht gelten, egal, welche Farbe sie haben, denn hier gibt es stattdessen nur Back- und Steuerbord. Schiffskatzen gelten im Allgemeinen als Glücksbringer und stehen als solche unter einem besonderen Schutz der Matrosen.

Im Fall von Oscar, der Schiffskatze, scheint da aber einiges durcheinandergeraten zu sein. Obwohl nicht ganz schwarz, erfüllte Oscar seine Maskottchenfunktion nicht im Sinne des Erfinders, und Glück hatte in der ganzen Angelegenheit nur einer – er selbst.

Im Mai 1941 stach das deutsche Schlachtschiff Bismarck, das zu diesem Zeitpunkt als das kampfkräftigste Kriegsschiff galt, in See, um im Nordatlantik kanadische und amerikanische Versorgungsflotten anzugreifen. Die britische Kriegsmarine setzte alles daran, diese Versorgungslinie ihres Landes nicht abreißen zu lassen. Nach drei Tagen erbitterter Kämpfe sank die Bismarck mit Mann und Maus. Nur wenige Besatzungsmitglieder überlebten. Zu diesen gehörte auch der Schiffskater Oscar, der von der Mannschaft des britischen Zerstörers HMS Cossack sofort Unsinkable Sam getauft wurde und an Bord bleiben durfte. Aber Unsinkable Sam brachte auch unter neuer Flagge kein Glück. Fünf Monate später sank die HMS Cossack nach einem deutschen U-Boot-Angriff. Wieder wurde Oscar/Sam gerettet und fand diesmal auf dem Flugzeugträger HMS Ark Royal neue Heuer. Doch auch diese Arbeitsstelle war für den Mäusejäger nicht von Dauer. Nur drei Wochen später versenkten Torpedos die HMS Ark Royal. Der Schiffskater überlebte erneut, aber diesmal durfte er nicht mehr an Bord bleiben. Zu viele Schiffe hatte er bereits versenkt. Er wurde in Gibraltar von Bord gebracht, in den Landdienst entlassen und verbrachte den Rest seines Lebens schließlich in einem Seemannsheim in Belfast.

80_ Oswald

Cat-in-Residence

2004 zog Oswald gemeinsam mit seiner Familie, den Clingans, an den Albert Place 38 in das schottische Städtchen Stirling. In direkter Nachbarschaft, nur eine Hausnummer weiter, befand sich die Stirling Smith Art Gallery. Sehr schnell entdeckte Oswald seine Liebe zur Kunst und bewarb sich um die Stelle der Cat-in-Residence, die zu dieser Zeit allerdings bereits von Willow of Royal Gardens, einer grauen Eminenz, besetzt war. Willow schaute regelmäßig in der Galerie vorbei, und ebenso regelmäßig verprügelte er Oswald.

Aber Oswald stellte es geschickt an. Er mied den Weg der direkten Auseinandersetzung, wo es nur ging, und machte sich stattdessen bei den Mitarbeitern und Besuchern der Galerie unverzichtbar. Als freiwilliger Mitarbeiter bot er den Gästen beim Eintritt ein kostenloses Meet & Greet und begleitete sie auf ihrem Weg durch die Ausstellungsräume.

An den Abenden besucht er mit großem Interesse die Veranstaltungen in der Galerie und lauscht den Vorträgen zu Archäologie, Astronomie und Philatelie. Seine Favoriten sind die Stirling Literary Society und die Dickens Book Group. Vermutlich ist er der einzige Kater, der bereits alle Dickens-Romane vorgelesen bekommen hat.

Laut seiner »Ansprechpartnerin« in der Galerie, Elsbeth King, testet er regelmäßig die Alarmsysteme, indem er sie in den Abendstunden auslöst, wartet auf die Mitarbeiter und begleitet sie dann auf dem Kontrollgang. Im Garten sorgt er dafür, dass die Kaninchen nicht zu frech werden, und er hilft bei den Büroarbeiten, indem er durch gezielte Hiebe auf die Maus die Mails abschickt – leider auch die halb fertigen.

Als die Familie Clingan 2009 umzog, nahmen sie Oswald mit. Allerdings wurde der Kater im neuen Zuhause nicht heimisch, sodass sie ihn endgültig in der Galerie wohnen ließen.

Heute genießt Oswald sein Leben, berichtet auf Facebook und twittert über seine »Arbeit« als Cat-in-Residence der Galerie.

Adresse Stirling Smith Art Gallery and Museum, Dumbarton Road, Stirling FK 8 2RQ, Schottland | **Öffnungszeiten** Di – Sa 10.30 – 17 Uhr, So 14 – 17 Uhr

81 Pangur Bán
Gefährte im Skriptorium

Danach, woher Pangur Bán kam, hat nie jemand gefragt. Vermutlich tauchte er eines Tages einfach in dem Skriptorium auf, strich den dort arbeitenden Mönchen um die Beine und schlief mit der Geräuschkulisse kratzender Schreibfedern und knisternden Papiers in der Nähe der Feuerstelle. Vielleicht bückte sich auch der ein oder andere, um dem weißen Kater, denn das bedeutet Pangur Bán, kurz über den Rücken zu streichen, oder gab ihm ein Schälchen mit Milch. Vermutlich beachteten ihn die meisten aber nicht. Einem aber ist er aufgefallen. Das ist sicher. Denn was wir über Pangur Bán wissen, verdanken wir einem namenlosen irischen Mönch des neunten Jahrhunderts. Der Kater leistete dem Mönch Gesellschaft, während der in langen Stunden Bücher und Schriften handschriftlich kopierte, und wie es scheint, mochten sich die beiden. Der Mönch setzte seinem Gefährten mit einem Gedicht ein Denkmal. Auf der Rückseite eines Paulusbriefes schrieb er über ihr Zusammensein ein Gedicht in gälischer Sprache. Es erzählt, wie sie beide tagein, tagaus ihrer Arbeit nachgehen. Dass er, der Mönch, den Wörtern nachjagt wie der Kater den Mäusen. Beide konzentriert auf ihr jeweiliges Tun und froh, wenn ihnen etwas gelingt und sie dann tiefen Frieden finden. Wie es Pangur Bán durch die tägliche Übung zur Meisterschaft in seinem Mausefängerfach und er es zur Weisheit und Erleuchtung gebracht hat.

Das kurze Gedicht, zu dem Pangur Bán den Mönch inspirierte, gilt heute als eine der ältesten Quellen zur Erforschung der altirischen Sprache.

Messe ocus Pangur Bán,	*I and Pangur Bán my cat,*
cechtar nathar fria saindán:	*'Tis a like task we are at:*
bíth a menma-sam fri seilgg,	*Hunting mice is his delight,*
mu menma céin im saincheirdd. (…)	*Hunting words I sit all night. (…)*

Was allerdings aus dem Kater und seinem Mönch geworden ist, bleibt im Dunkel der Jahrhunderte verborgen.

Tipp Die Handschrift befindet sich heute im Besitz des Benediktinerstifts St. Paul im Lavanttal in Österreich. | **Adresse** Stiftsmuseum Benediktinerstift St. Paul, Hauptstraße 1, 9470 St. Paul im Lavanttal | **Öffnungszeiten** Mai–Okt. 10–17 Uhr und auf Anfrage

82 — Der Pate
Ein Angebot, das er nicht ablehnen konnte

Viele Katzen sind namenlos und werden es auch immer bleiben. So wie diese eine, die plötzlich in einem Filmstudio auftauchte, auf einen Schoß sprang und mit dieser Anfangsszene von »The Godfather (Der Pate I)« Filmgeschichte schrieb.

Ganz sicher hatte sie keine Ahnung, wer der nette Mann mit der heiseren Stimme war, dessen Finger so wunderbar ihren Bauch kraulten und der sie zum Schnurren brachte. So laut übrigens, dass die Szene nachvertont werden musste. Marlon Brando hingegen hatte seine perfekte schauspielerische Ergänzung in der Szene und zu einer legendären Figurentiefe gefunden. Die Zärtlichkeit seiner Streicheleinheiten stand im krassen Gegensatz zu dem Mordauftrag, der da über den Kopf der Katze hinweg besprochen wurde.

Darüber, wie die Katze überhaupt ins Studio gelangt war, gibt es unterschiedliche Versionen. Einige behaupten, Marlon Brando, der als Katzenliebhaber bekannt war, hätte die Streunerin auf einem seiner Pausenspaziergänge über das Studiogelände entdeckt, und sie wäre ihm gefolgt.

Der Produzent des Films, der Kanadier Albert S. Rudy, berichtet, die Katze wäre auf Rattenjagd im Studio unterwegs gewesen, Marlon Brando hätte sie gesehen und direkt die Idee dazu gehabt, sie in die Szene einzubauen. Dem Regisseur Francis Ford Coppola zufolge war er selbst es, der die Katze samt filmischem Potenzial erkannt hatte: »Brando liebt Kinder und Tiere. Die Katze gefiel ihm, und sie fasste sofort Zutrauen zu ihm und wurde so zum Teil der Szene.« Am wahrscheinlichsten, und allen Katzenbesitzern sofort einleuchtend, ist jedoch die folgende Version: Die Studiokatze hatte plötzlich Lust auf Streicheleinheiten, sprang auf Brandos Schoß und ließ sich durch nichts stören, sondern es sich einfach gut gehen. Dass sie es damit sogar auf das Filmplakat schaffte, interessierte sie vermutlich genauso wenig wie die drei Oscars, die der Film gewann.

»Bonasera, Bonasera, was habe ich dir getan, dass du mich so respektlos behandelst. Du kommst in mein Haus, am Hochzeitstag meiner Tochter, und bittest mich, einen Mord zu begehen.« aus: Der Pate I, 1. Szene. »Der Pate« als DVD & Blu-ray erhältlich (Paramount Pictures).

83 Pelle Svanslös
Schwedens heimlicher Nationalheld

Fragt man in Schweden einen beliebigen Passanten nach Pelle Svanslös, schleicht sich ein Lächeln ins Gesicht des Angesprochenen, verbunden mit einem leicht wehmütigen Nicken und einem freudigen Seufzer. Pelle Svanslös ist eine nationale Kindheitserinnerung. 1939 erschien das erste von insgesamt 13 Büchern mit dem schwanzlosen, denn das bedeutet »svanslös«, Kater. Im Laufe der Jahre folgten nicht nur zwei Filme, sondern vor allem auch zeichnerisch überarbeitete Neuauflagen. Pelles Schöpfer Gösta Knutsson hatte ihn und seine Freunde Maja Gräddnos, die Drillinge Mai, Muff und Murre und Thick Trisse zunächst nur als Charaktere für eine Kindergeschichte konzipiert, die im Radio laufen sollte. Aber die wachsende Beliebtheit führte schnell zu der Veröffentlichung des ersten Buches »Pelle Svanslös på Äventyr« (»Pelle Svanslös auf Abenteuern«).

Wie seinem realen Vorbild aus der Kindheit des Autors wurde Pelle als kleine Katze von einer Ratte der Schwanz abgebissen. Dafür erntet er oft Spott, vor allem von seinem Widersacher Måns und dessen Gefolgsleuten Bill und Bull. Die Figur des Måns wurde oft als Hitler-Pendant und als satirischer Angriff auf den Nationalsozialismus verstanden, der sich zu dieser Zeit auch in Schweden immer weiter ausbreitete.

Die Geschichten um Pelle Svanslös orientieren sich stark an den schwedischen Werten der Gleichberechtigung und der Gerechtigkeit in der Gesellschaft. Sie folgen einem immer gleichen Muster: Der Böse versucht mit vielen Tricks und Gemeinheiten ans Ziel zu gelangen und hat scheinbar Erfolg. Bis am Ende doch der Ehrliche und die Gerechtigkeit triumphieren. Vermutlich ist das archaische Geschehen, verbunden mit immer wieder modernisierten Zeichnungen, das Geheimnis des mehr als 75-jährigen Erfolges.

Vielleicht liegt es aber auch neben Pelles Güte und seiner Zivilcourage einfach daran, dass er ein echt netter Kerl ist.

84_Pepper
Der erste Kino-Katzen-Star

Sie schaffte es auf die Titelseite der Juliausgabe des »Picture Show Magazine«. Man schrieb das Jahr 1913, Schauspieler drängten in die Studios, lockten die Menschen in Scharen in die Kinos.

Im Gegensatz zu vielen ihrer menschlichen Kollegen gelang Pepper der Einstieg in die Welt der Filmstars durch die sprichwörtliche Hintertür. Mack Sennett, der Besitzer der Mack Sennett's Keystone Studios, entdeckte das kleine graue Fellbündel, als die Katze sich durch lose Bodendielen ins Studio schlich. Wie auf ein Stichwort bewegte sie sich auf Samtpfoten zwischen den Schauspielern umher.

Sennett, der immer für neue Impulse und Anregungen offen war, ließ die Katze gewähren, drehte weiter, und am Ende der Szene hatte Pepper ihren ersten Filmauftritt im Kasten. Es war, als ob sie nie etwas anderes getan hätte, als an einem Filmset zu arbeiten.

Heute weiß man von nachweislich 25 Kurzfilmen, in denen sie auftrat und ihre eigene filmische, manchmal sogar wörtlich zu nehmende Markierung hinterließ. In den 16 Jahren ihrer Zusammenarbeit mit den Sennett Studios stand ihr Name 17 Mal mit auf dem Filmplakat, neben dem der anderen Stars wie Mabel Normand oder Charlie Chaplin.

1913 bekam sie ihre erste Hauptrolle. Neben Mabel Normand, Harold Lloyd und Teddy the Dog spielte sie in dem Kurzfilm »A Little Hero« den Schurken, der einen Kanarienvogel im Käfig bedroht. Mit ihrem Filmpartner Teddy verband sie nach den Aufnahmen zum Film eine langjährige Filmpartnerschaft, die zu sieben gemeinsamen Filmen führte und erst mit dessen Tod endete.

Pepper galt als sehr schlau, sie lernte viele Tricks, darunter einige sehr bemerkenswerte. In der Zusammenarbeit mit »Frederich the Mouse« bewies sie, dass sie ihre natürlichen Jagdinstinkte unterdrücken konnte.

Pepper starb 1928, noch bevor der Tonfilm Furore machte. Ihr Schnurren zu hören bleibt für immer der Phantasie der Zuschauer überlassen.

85 __ Peter
Der Weg in den Wahnsinn

Peter machte seinem Frauchen Emily Richardson, verheiratete Mrs. Wain, zeitlebens viel Freude. Sie hatte den schwarz-weißen Kater in einer regnerischen Nacht von der Straße gerettet und in ihr Herz geschlossen. Vor allem als sie an Brustkrebs erkrankte, tröstete sie sich mit der Anwesenheit des Tieres. Ihr Mann, Louis Wain, ein Maler, versuchte seine Frau mit unterhaltsamen Zeichnungen Peters in vermenschlichten Posen aufzuheitern.

Die Bilder gewannen schnell an Popularität, wurden als Postkarten gedruckt und in Magazinen und Zeitungen veröffentlicht. Wain avancierte zum gefragten Künstler und hatte großen Erfolg. Peter ist als Modell in vielen seiner Zeichnungen zu erkennen.

Das änderte sich, als seine Frau schließlich im Jahr 1886 ihrem Leiden erlag. Der Schicksalsschlag traumatisierte den Künstler so sehr, dass er mehr und mehr die Kontrolle über seinen Verstand verlor. Wain erkrankte an Schizophrenie, einer psychischen Krankheit, die mit Wahnvorstellungen, Denk- und Affektstörungen und Halluzinationen einhergehen kann.

Zu Beginn seiner Krankheit zeichnete er weiter, konzentrierte sich aber immer stärker auf die Katzen selbst als auf die Szenerie, in die er sie zuvor gesetzt hatte. Er änderte seinen Stil, benutzte grelle Farben, zeichnete scharfe Fellkonturen und dunklere Umrisse. Die Hintergründe entwickelten sich zu psychedelischer Kunst mit abstrakten Mustern.

Je weiter die Schizophrenie fortschritt, desto mehr veränderten sich die Katzenzeichnungen. Gezackte Linien in leuchtenden Farben strahlten von den Katzen aus. Noch später füllte er die Katzen selbst mit psychedelischen Formen aus, bis diese von Zeichnung zu Zeichnung geometrischer und zu reinen Mustern wurden.

Louis Wain starb am 4. Juli 1939. Seine Katzenbilder üben bis heute eine große Faszination auf den Betrachter aus und sind weiterhin Gegenstand psychiatrischer Forschung.

»Ihm (Peter) verdanke ich eigentlich die Grundlage meiner Karriere, die Weiterentwicklung meiner ersten Versuche und den Erfolg meiner Arbeit.« – Louis Wain

86 Pikachu
Reisen für den guten Zweck

Zweimal war er verschwunden. Beim ersten Mal tauchte er nach 14 Tagen wieder auf. Beim zweiten Mal hatte Ted Brady schon alle Hoffnung aufgegeben, seinen Reisegefährten Pikachu jemals wiederzusehen. Das war am 5. August 2013.

Zu diesem Zeitpunkt lag die erste große Reise durch die USA bereits fast ein Jahr zurück, und die neue Tour stand erst am Anfang.

Mit dem Fahrrad samt Anhänger starteten Ted und Pikachu in ihrer Heimatstadt Bartlesville in Oklahoma. Ziel der Reise sollte es sein, Geld für die American Society for the Prevention of Cruelty to Animals zu sammeln und das Bewusstsein der Menschen für den Tierschutz zu schärfen. Unterkunft fanden die beiden bei Familien oder in Tierheimen, die die Aktion unterstützten. Ted hatte keinen Weg im Voraus geplant, sondern folgte den Einladungen, die er und seine »Travelling Kitty« erhielten. Auf Facebook, Twitter, Instagram und natürlich einer eigenen Homepage konnte die ständig wachsende Fangemeinde die Reiseroute verfolgen.

Als Pikachu im Dezember 2011 in Albuquerque, New Mexico, von einem seiner Ausflüge in die nähere Umgebung nicht zurückkam, startete eine große Suchaktion, von der auch das Fernsehen berichtete und die schließlich von Erfolg gekrönt war. Pikachu wurde gefunden. Abgemagert und zerzaust, aber gesund. Im August 2012 kamen die beiden wieder in Oklahoma an.

Aber es juckte in den Fingern und Pfoten, und so starteten sie zum zweiten Mal. Diesmal stand die Tour unter keinem guten Stern, denn schon bald war Pikachu wieder verschwunden, und seine Überlebenschancen standen denkbar schlecht. Aber Travelling Kitty machte seinem Namen alle Ehre und tauchte mehr als sechs Monate später zur großen Freude seiner Fans in Jackson Hole, Wyoming, wieder auf.

Ob es eine dritte Reise geben wird, steht noch in den Sternen. Sicher ist nur eines – wenn, dann nur, wenn Pikachu verspricht, auf Alleingänge zu verzichten.

87_Pinkeltje
Kunst aus der Katze

1.000 von über 100.000 Hassmails hat TINKEBELL in einem Buch zusammengetragen und mit Namen, Beruf, Herkunft und Foto des Verfassers veröffentlicht. Fast alle der meist weiblichen Absender drohten damit, sie zu quälen, zu verstümmeln und zu töten.

Was hatte die Ende der 70er Jahre geborene Niederländerin getan, um den ungezügelten Volkszorn auf sich zu ziehen?

Die Antwort ist einfach. Sie tötete ein Tier, um den Kadaver weiterzuverarbeiten. Allerdings ist TINKEBELL keine Bäuerin oder Metzgerin, sondern bestreitet ihren Lebensunterhalt als Konzeptkünstlerin. Und das Tier war kein Schwein oder Rind, sondern ihre eigene kranke Katze.

Über den Kater Pinkeltje selbst ist nicht viel bekannt. Er kam erst spät zu ihr, nachdem er vorher in seinem Leben sehr schlecht behandelt wurde, wie die Künstlerin selbst berichtet. Er war alt, krank und lag im Sterben, als sie ihn selbst erlöste. 2003 verarbeitete sie das Fell des Katers zu einer Handtasche und stellte diese öffentlich aus. Die Empörung ließ nicht lange auf sich warten.

Doch genau darum ging es der Künstlerin, die selbst überzeugte Vegetarierin ist: das gespaltene Verhältnis der Menschen zu ihren Tieren zu thematisieren. Niemand regt sich über Koteletts, Suppenhühner und Steaks in den Supermarktauslagen auf. Viele tragen Lederkleidung, äußert sie sinngemäß in Interviews. Dass die Haustiere im Gegensatz dazu beinahe wie Menschen behandelt werden, empfindet sie als die wahre Perversion.

Pinkeltje erlangte auf diese Weise posthum Weltruhm. Seine neue »Erscheinungsform« polarisiert und soll die Menschen zum weiteren Nachdenken über ihren Umgang mit sogenannten Nutztieren anregen. An vielen Stellen ist das auch gelungen. Über die Hassmails hinaus fanden Diskussionen in den Feuilletons und Ethik-Foren statt, in denen die Verdrängung der Realitäten in der Fleischproduktion im Bewusstsein der Verbraucher offensichtlich wurde.

Tipp My dearest cat Pinkeltje (2003). By TINKEBELL | **Adresse** Courteasy TORCHGallery, Lauriergracht 94, 1016 RN Amsterdam, Niederlande | **Öffnungszeiten** Do–Sa 12–18 Uhr und nach Vereinbarung

88 Purzel
Die zweite Chance ist oft die beste

Manchmal gönnt das Leben einem einfach keinen guten Start. So wie bei Purzel. Umso besser, wenn es im zweiten Anlauf mit der zweiten Chance klappt. Doch von Anfang an: Purzels Mutter lebte bei einer alten Dame, die, im Wissen, sich bald nicht mehr um ihre vierbeinigen Lieblinge kümmern zu können, sie lieber töten als einem ungewissen Schicksal überlassen wollte. Also begann sie, die Katzen zu vergiften. Zum Glück entdeckten Nachbarn ihr Treiben, griffen beherzt ein und brachten die Katzen zu Tierschützern. Purzels Mutter hatte da aber vermutlich bereits Gift gefressen. Sie überlebte, aber für eines der Kitten in ihrem Bauch hatte es schlimme Folgen. Purzel wurde mit einer Cerebellären Ataxie geboren. Einer Krankheit, die sich durch verschiedene Koordinationsstörungen im Bewegungsablauf zeigt. Die Kleinhirnataxie wird sichtbar, wenn die Kitten erste Laufversuche starten. Sie stehen und gehen mit weit gespreizten Beinen. Die Bewegungen sind ruckartig, der Kopf zittert, und sie staksen anstelle des sonst üblichen geschmeidigen Gangs. Häufige Ursache ist eine Erkrankung der Mutter an Katzenseuche. In früheren Zeiten und noch heute oft das Todesurteil für die Kleinen.

Nicht so bei Purzel. Er hatte großes Glück im großen Unglück und fand ein Zuhause, in dem er sein Leben auf seine ganz spezielle Art und Weise genießen darf. Dabei unterscheidet ihn nicht viel von seinem »normalen« Katerkumpel. Statt zu springen, hat er sich zu einem wahren Kletterweltmeister entwickelt und kommt überall hinauf, wo er hinwill. Er jagt und spielt Fangen. Federn liebt er fast genauso sehr wie sein Herrchen, mit dem ihn eine wahre »Männerfreundschaft« verbindet. Und wie alle Katzen hat er feine Antennen für sein Frauchen. Purzel steht stellvertretend für alle Katzen, die jährlich mit Ataxie geboren werden, und zeigt, dass auch ein Katzenleben mit Hindernissen ein schönes Katzenleben sein kann.

Tipp Wer mehr über die Krankheit, das Leben der Katzen damit und die verschiedenen Möglichkeiten zur Förderung erfahren will, wird auf der Seite www.ataxiekatzen.de fündig.

89 _ Room 8
Eine Katze macht Schule

An einem Schultag im Jahr 1952 betrat ein hagerer grau gestromter Kater durch ein offenes Fenster das Gebäude der Elysian Heights Elementary School in Los Angeles. Er schlüpfte in das Zimmer der sechsten Klasse und legte sich auf den Schreibtisch. Die Kinder waren begeistert, die Lehrer weniger. Sie wurden überstimmt, der Kater mit Milch versorgt, und er durfte sich ausruhen. Als die Klasse aus der Pause zurückkehrte, hatte der Kater die Brotdosen geknackt und leer gefressen. Danach verschwand er, wie er gekommen war, und niemand rechnete damit, ihn jemals wiederzusehen.

Ein Irrtum, wie sich schnell herausstellen sollte. Denn am nächsten Morgen und die restlichen 14 Jahre seines Lebens besuchte Room 8, wie die Kinder ihn tauften, täglich die Schule. Wo er seine Nächte und die Schulferien verbrachte, wusste niemand genau. Sicher war nur, dass er pünktlich am ersten Schultag wieder am Tor stand.

Room 8 hatte die Grundschule adoptiert, und diese machte ihn zu ihrem Maskottchen. Schüler und Lehrer liebten ihn gleichermaßen.

Der begehrteste Posten für die Schüler war nun mit einem Mal nicht mehr der des Klassensprechers, sondern der des Katzenfütterers. Die Einrichtung dieser Position war notwendig geworden, nachdem alle Kinder den Kater mit allem gefüttert hatten und er viel zu dick geworden war. Fortan wurde er unter Aufsicht im Lehrerzimmer gefüttert, und es gab strikte Regeln zu seinem und dem Wohl der Kinder.

Im Jahr 1962 wurde die Presse auf den Schulkater aufmerksam, und er wurde zunächst zur lokalen und dann schnell zur nationalen Berühmtheit. Zu seiner Zeit war Room 8 die bekannteste Katze Amerikas. Er bekam Fanpost, ein Buch wurde über ihn geschrieben und eine Fernsehdokumentation gedreht.

Am 13. August 1968 starb Room 8 im stolzen Alter von 22 Jahren. Unzähligen Kindern hatte er die Grundschulzeit durch seine Gesellschaft bereichert.

90 Rosie
Die mit den Huskys rennt

Innige Freundschaften zwischen Katzen und Hunden sind nicht so selten, wie man denkt, die sprichwörtlichen Streitereien nicht unbedingt der Normalfall. Dass aber ein Hund denkt, er sei eine Katze, oder umgekehrt, kann durchaus als ungewöhnlich bezeichnet werden. Wie im Fall von Rosie.

Ein Kollege ihrer zukünftigen Frauchen, der drei kalifornischen Schwestern Thi, Thoa und Tram Bui, fand Rosie verlassen in einem Gebüsch. Ihr Gesundheitszustand war sehr kritisch, sie war lethargisch und sehr schlapp. Es war nicht sicher, ob sie den nächsten Tag erleben würde. In der Not kamen die Schwestern auf die Idee, ein Experiment zu wagen. Sie brachten Rosie zu Lilo, einem ihrer drei Huskys. Und das Unerwartete geschah. Lilo adoptierte sie vom Fleck weg als ihr eigenes Junges. Obwohl die Hündin noch nie trächtig gewesen war, begann sie sogar Milch zu geben, nachdem Rosie anfing zu saugen. Schnell verbesserte sich Rosies Zustand, und die beiden wurden unzertrennlich.

Lilo entwickelte sich zur perfekten Ersatzmutter und brachte ihrem Kind alles bei, was ein anständiger Husky können und wissen muss. Sobald sie groß genug wurde, bekam sie ihre eigene Leine und durfte mit auf die Spaziergänge des kleinen Rudels. Obwohl sie viel kleiner ist als die Hunde, versucht sie, mit ihnen Schritt zu halten. Sie balgt und spielt mit ihnen. Sie versucht sich im Agility und surft sogar mit Lilo im Pool. Von katzentypischer Wasserscheu ist keine Rede. Dabei hätte sie durchaus auch die »richtigen« Vorbilder vor der Nase sitzen. Aber Sparky, Misty und Mickey, die drei anderen Katzen im Haus, interessieren sie nicht. Wozu auch? Rosie ist schließlich ein Husky.

Seit ihre Frauchen Bilder von den beiden unter »Lilothehusky« bei Instagram einstellen, wächst Rosies Fangemeinde täglich. Vermutlich können wir hier auch per Videoclip verfolgen, wenn Rosie demnächst das erste Mal bellt. Wau.

91 Schrödingers Katze
Cat-Content in der Wissenschaft

1935 veröffentlichte der Physiker und Nobelpreisträger Erwin Schrödinger die Ergebnisse eines Gedankenexperimentes. Ausgehend von der Quantentheorie, die belegt, dass jedes Quantenobjekt, also jeder Gegenstand, sowohl ein Atom als auch gleichzeitig eine Welle sein kann, stellte er die Versuchsanordnung vor, die als »Schrödingers Katze« in die Geschichte der Naturwissenschaft eingehen sollte.

In seinem Experiment setzt er eine Katze in eine Kiste. Dort befindet sich eine Apparatur aus einer radioaktiven Substanz, einem Geigerzähler, einem Hammer und einem Fläschchen Blausäure. Beim Zerfall eines Atomkerns aktiviert sich der Geigerzähler, der den Hammer auf die Blausäureflasche fallen lässt. Die Katze stirbt. Die Wahrscheinlichkeit, dass dieser Zerfall innerhalb eines bestimmten Zeitraums geschieht, ist gegeben, aber es ist nicht wahrscheinlicher, als dass kein Atomkern zerfällt. Also stehen die Chancen halbe-halbe.

Nach den Gesetzen der Quantenphysik wissen wir erst zum Zeitpunkt der Messung, ob das Quantenobjekt ein Atom oder eine Welle ist. Bis dahin ist es beides: Atom und Welle.

Auf die Katze übertragen heißt das: Erst wenn wir die Kiste öffnen, entscheidet sich, ob die Katze tot oder lebendig ist. Solange die Kiste zu bleibt, ist die Katze laut Schrödinger beides: tot und lebendig.

Seitdem wird in der Physik die Überlagerung gegensätzlicher Zustände, die stabil bleiben, solange man sie isoliert betrachtet – also die Kiste nicht öffnet –, als »Katzenzustand« oder im Englischen als »Schrödinger cat-like state« bezeichnet.

Noch weiter geht die Frage, welche Bedeutung der Beobachter dabei für die Katze hat. Muss sie beobachtet werden, damit sie nicht in dem überlagerten Zustand – tot und lebendig – bleibt?

Eine ganz andere Frage, nämlich die nach der Inspiration Schrödingers, lässt sich für jeden Katzenbesitzer hingegen schnell beantworten. Zumindest in der Theorie.

$\Psi(t_1) = a\ \Psi_a(t_1) + b\ \Psi_b(t_1)$

92 Simba

Der König der Löwen – Das Musical

Nants ingonyama bagithi Baba / Sithi uhm ingonyama …
(Da kommt ein Löwe, Vater / Oh ja, es ist ein Löwe!)

Diesen Eröffnungsschrei zum Lied »Der ewige Kreis« hat heute jeder sofort im Ohr, wenn er an die Geschichte Simbas, des Königs der Löwen, denkt.

Simba wurde 1989 »geboren«, als bei Disney erste Pläne aufkamen, die Hauptrolle in einem in Afrika spielenden Film an einen Löwen zu vergeben. Dabei war der Name Programm, bedeutet doch »Simba« in der Sprache Swahili »Löwe«. Unzählige Überarbeitungen folgten, bis »Der König der Löwen« ab 1994 zum bisher weltweit erfolgreichsten Zeichentrick werden konnte. Die Filmmusik komponierte Hans Zimmer. Elton John und Tim Rice schufen auf der Grundlage des Films das gleichnamige Musical.

Bereits mit der Uraufführung am 31. Juli 1997 in Minneapolis zeichnete sich der große Erfolg des Musicals ab, das bis heute in den USA, in England und Deutschland in festen Theatern und in vielen Ländern als Tourneeversion aufgeführt wird und unzählige Preise einheimste. Neben zusätzlichen Liedern und Szenen besticht das Musical vor allem durch die phantasievolle Ausstattung. Julie Taymor, die Schöpferin der Kostüme, wurde für ihre Arbeit 1998 mit dem »Tony Award« ausgezeichnet.

Die Geschichte des Königs der Löwen ist eine klassische Heldengeschichte. Der Löwenjunge Simba wird als Königssohn geboren und muss sich vielen Abenteuern, Feinden und vor allem sich selbst stellen, bevor er seinen Platz im großen Kreis des Lebens einnehmen kann und die Krone erhält. Die Zeichner des Trickfilms und die späteren Schauspieler des Musicals beobachteten wirkliche Löwen in freier Wildbahn und in Zoos, um sich von ihren Bewegungen und ihrem Verhalten inspirieren zu lassen. Ihrem Können und ihrer Kunst ist es zu verdanken, dass diese erdachte Großkatze auch nach mittlerweile 21 Jahren nichts von ihrer Faszination verloren hat.

Adresse König der Löwen – Das Musical, Stage Theater im Hafen am Aida-Musical-Boulevard, Rohrweg 13, 20457 Hamburg, Vorstellungen täglich außer Mo, www.stage-entertainment.de

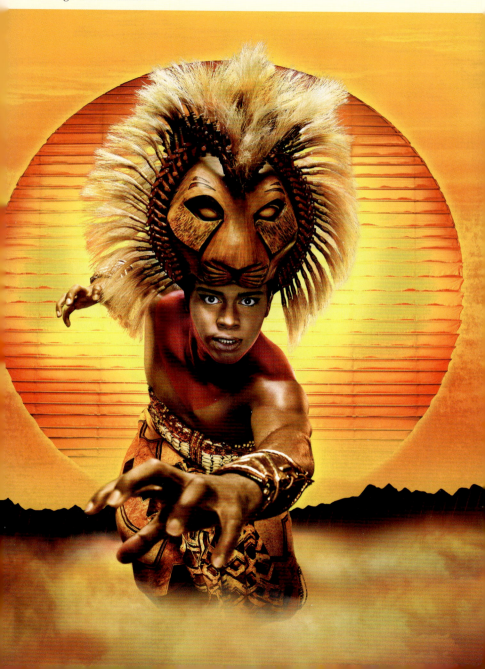

93 Simon
Held auf dem Jangtse

Den Kampf seines Lebens führte Simon auf dem Jangtse gegen Mao Tse-tung. Schnell, gnadenlos und tödlich schlug er zu. Trotz seiner schweren Verwundung, die er bei dem Überfall der rotchinesischen Einheiten auf sein Schiff erlitten hatte. Dafür wurde er mit der Dickin Medal ausgezeichnet – als erste und bislang einzige Katze.

Simon wurde 1947 auf Stonecutter Island, Hong Kong, in einer Marinewerft geboren und von dort aus Anfang 1948 von dem Matrosen George Hickingbottom auf die Amethyst, ein englisches Schlachtschiff, geschmuggelt.

Am 20. April 1949 geriet die Amethyst 100 Seemeilen vor der Flussmündung des Jangtses unter Beschuss. 25 Menschen starben. Viele wurden schwer verletzt, darunter auch Simon. Der Kater versteckte sich und wurde erst Tage später wiedergefunden. Ein Splitter hatte anscheinend sein Herz gestreift. Trotzdem überlebte Simon, erholte sich und nahm seine Arbeit – das Jagen der Ratten und Mäuse – wieder auf. Die Mannschaft freute sich, da dem Schiff kein freier Abzug gewährt wurde und Heerscharen von Ratten von Land aus über die Lebensmittelvorräte herfielen.

Eine riesige Ratte, die jede Nacht samt Gefolge die Speisekammern plünderte, hatten die Matrosen Mao Tse-tung getauft. Aus Furcht, die Verwundungen hätten Simon zu sehr geschwächt, hatten sie vergeblich versucht, den Rattenanführer selbst zu erlegen. Aber Simon siegte und wurde zum Kriegshelden erklärt und geehrt.

Die Kunde von der Heldenkatze eilte dem Schiff nach seiner Befreiung voraus. Im August 1949 zeichnete die Tierschutzorganisation People's Dispensary for Sick Animals Simon mit der Dickin Medal aus. Doch bevor es zu der Ehrung kommen konnte, starb Simon in der Nacht vom 28. November 1949. Sein Sarg wurde mit dem Union Jack bedeckt auf dem Tierfriedhof im Londoner Stadtteil Ilford begraben und erhielt eine Gedenktafel. Simons Grab ist bis heute erhalten.

94___Snowball 1
Sechs Zehen hat die Hemingway-Katz

Welche Abenteuer auf hoher See der Kater bis zu seinem Einzug ins Hemingway'sche Anwesen bereits erlebt hatte – darüber lässt sich nur spekulieren. Sicher ist, dass ein Schiffskapitän das schneeweiße Tier Ernest Hemingway im Jahr 1930 zum Geschenk machte. Bei den Seefahrern gelten die Katzen als Glückssymbol. Für den Schriftsteller bedeuteten sie eine lebenslange Leidenschaft. Ohne sie konnte er nicht sein. Seinen Katzen erlaubte der im Umgang mit Menschen komplizierte Autor alles.

Aber nicht nur seine Vergangenheit machte den Kater zu etwas Besonderem, sondern vor allem sein Körperbau. Normalerweise besitzen Katzen an den Hinterpfoten vier und an den Vorderpfoten fünf Zehen. Nicht so Snowball. Seine Vorderpfoten wiesen sechs Zehen auf. Eine Mutation, in der Fachsprache Polydaktylie genannt.

Snowball zog mit Hemingway in dessen Haus in Key West und verbreitete fleißig sein Erbgut. Bei der Polydaktylie genügt es, wenn ein Elternteil das Gen in sich trägt, um das Phänomen auszubilden. So wundert es nicht, dass auch heute, Jahre nach Snowballs Tod, beinahe alle der 60 Katzen in dem zum Museum umgebauten Haus des Schriftstellers sechs Zehen aufweisen. In den USA werden diese Katzen Hemingway-Katzen genannt.

Hier führen sie ein paradiesisches Leben. Umsorgt vom Museumspersonal, das ihnen Biofutter auftischt, stromern sie über das Anwesen. Sehr zur Freude der Besucher, zu denen neben Literaturbegeisterten auch Katzenfreunde gehören. Versteckt im tropischen Dickicht hinter dem Haus findet der Besucher einen Katzenfriedhof mit Gedenksteinen. Die meisten der heute hier lebenden Tiere sind kastriert, um ein ungehindertes Wachstum der sechs-zehigen Katzengemeinde zu verhindern. Einige aber dürfen sich vermehren. Und ab und an findet sich unter den Kitten auch ein schneeweißes, das seinem Urahn wie »aus dem Gesicht« oder besser gesagt »aus der Pfote geschnitten« aussieht.

Adresse The Ernest Hemingway Home & Museum, 907 Whitehead Street, Key West, FL 33040, USA | **Öffnungszeiten** Das Museum ist täglich 9–17 Uhr geöffnet. Führungen finden alle 30 Minuten statt. www.hemingwayhome.com

95 Snowball 2

Ein Präzedenzfall »tierischer« Forensik

Eine tote Frau. Eine Lederjacke. Ein verdächtiger Ehemann, der sich ins Fäustchen lacht. Das sind die Zutaten für einen wahren Kriminalfall, der ohne die Hilfe einer Katze niemals hätte aufgeklärt werden können.

Aber rollen wir die Ermittlungen von vorne auf:

Im Jahr 1994 fanden kanadische Polizisten die Leiche einer nur notdürftig in der Erde vergrabenen Frau. Daneben fanden sie in einem Plastikbeutel eine blutgetränkte Lederjacke. Das Blut stammte ausschließlich von der toten Shirley Duguay.

Bei den weiteren Ermittlungen geriet Duguays Ex-Ehemann Douglas Beamish, der in der Nähe des Leichenfundortes im Haus seiner Eltern lebte, unter Verdacht. Aber die Polizei fand zunächst keine sicheren Beweise, die zu seiner Überführung hätten beitragen können.

Bis im Futter der Jacke kurze weiße Haare entdeckt wurden. Haare jener Katze, die mit Douglas und seinen Eltern zusammenlebte? Snowball, so der Name des Tieres, wurde eine Blutprobe entnommen. Man hoffte, mit Hilfe einer DNA-Analyse den Nachweis erbringen zu können, dass die Haare von Snowball stammten. Damit wäre die Verbindung zum Tatverdächtigen hergestellt.

Aber niemand hatte eine solche Untersuchung bisher durchgeführt. Erst nach intensiver Suche stieß man auf ein Team von Wissenschaftlern, die an einer Genkarte des Katzenerbgutes arbeiteten. Ihnen gelang es schließlich, die DNA der gefundenen Haare mit einem Referenzprofil aus Snowballs Blut zu vergleichen. Das Ergebnis war eindeutig. Es lag eine hundertprozentige Übereinstimmung vor. Aufgrund dieser Beweise wurde Beamish des Mordes für schuldig erklärt und verurteilt.

Nach diesem Ermittlungserfolg erkannte man die Möglichkeiten der Animal Forensic. Heute existieren Datenbanken zum Erbgut unterschiedlichster Tierarten, auf deren Basis die Ermittler arbeiten. Dank Snowball, die damit zum Präzedenzfall der Animal Forensic wurde.

Tipp Der erste Mordfall, bei dessen Aufklärung die DNA-Analyse von Hundehaaren eine entscheidende Rolle spielte, geschah im Jahr 2002. Der Mörder der siebenjährigen Danielle van Dam konnte überführt werden, weil auf seiner Kleidung Haare des Weimaraners von Danielle gefunden wurden.

96 _ Sphinx
Ein Rätsel um Leben und Tod

Die Eltern ein zweiköpfiger Hund und ein Mischwesen aus Frau und Schlange, die Geschwister ebenfalls gewöhnungsbedürftig: Hydra wuchsen die Schlangenköpfe nach, sobald jemand sie abschlug. Chimaira spuckte Feuer mit jedem ihrer drei Köpfe, von denen einer wie der eines Löwen, einer wie der einer Ziege und einer wie der einer Schlange aussah. Kerberos wurde entsprechend seiner Fähigkeit – und wahrscheinlich auch wegen seines Erscheinungsbildes – als Wachhund vor dem Höllentor eingesetzt. Eine nicht ganz so große Aufgabe hatte der kleinere Bruder Orthos zu bewältigen. Er musste seine beiden Köpfe lediglich dazu einsetzen, die Rinder des Geroyoneus zu beschützen. Was ihm, bis auf diese Sache mit dem griechischen Helden Odysseus, auch gelang. Der sechste im Geschwisterbund war der Nemëische Löwe, wobei die Verwandtschaftsverhältnisse hier nicht ganz geklärt waren. Böse Zungen behaupteten, er wäre vom Mond gefallen. Aber so was kennt man ja.

Die Sphinx selbst war auch definitiv kein freundlicher Zeitgenosse und von einem schnurrigen Kätzchen ungefähr so weit entfernt wie ein Krokodil von einem Pekinesen. Deswegen setzte Hera, eine der zwölf Olympischen Götter, sie auch als Strafe für die Stadt Theben ein. Hier wurde sie auf dem Berg Phikion postiert und durfte nur die Thebaner durchlassen, denen es gelang, ihre Rätsel zu lösen. Blieb der Wanderer die Antwort schuldig, wurde er kurzerhand erwürgt und aufgefressen.

Erst Ödipus gelang es, die richtige Antwort auf die Frage zu geben: Es ist der Mensch, der als Kleinkind auf allen vieren krabbelt, als Erwachsener auf zwei Beinen geht und im Alter einen Stock als drittes Bein braucht. Daraufhin stürzte sich die Sphinx vor Ärger vom Felsen und starb.

Ödipus wurde daraufhin König von Theben und heiratete unbekannterweise seine eigene Mutter. Vielleicht hätte er sich lieber von der Sphinx fressen lassen sollen.

»Ein zweifüßiges gibt es auf Erden und ein vierfüßiges mit dem gleichen Wort gerufen und auch dreifüßig. Die Gestalt ändert es allein von allen Lebewesen, die sich auf Erden, in der Luft und im Meere bewegen. Schreitet es, sich auf die meisten Füße stützend, so ist die Schnelle seiner Glieder am geringsten.«

97 — Spot

Sagen Sie ihm, dass er ein hübscher Kater ist und ein guter Kater

Katzen sind überall. Daran zweifelt im Grunde niemand. Auch nicht die Macher der Star-Trek-Welt, die auf den Ideen des Autors Gene Roddenberry basiert. In verschiedenen Fernsehserien und Filmen starten die Raumschiffcrews ins All, um dorthin zu gehen, wo noch kein Mensch zuvor gewesen ist. Mit dabei natürlich – Katzen.

Spot lebt ab dem Jahr 2364 auf dem Raumschiff Enterprise, das unter dem Kommando von Captain Jean-Luc Picard steht. Als ihr Herrchen hat sie Data ausgesucht, den ersten und einzigen Androiden der Sternenflotte. Zuerst wird sie irrtümlich für einen Kater gehalten.

Spot spielt in mehr als zehn Folgen der Serie eine jeweils größere und in Folge 7x19 – Genesis sogar eine tragende Rolle. Sie wird auf einem Streifzug durch das Schiff trächtig. Zur gleichen Zeit bricht an Bord das Barclay'sche Protomorphosensyndrom aus, eine Krankheit, bei der sich alle Lebewesen evolutionär zurückentwickeln. Auch Spot erkrankt und wird zum Leguan. Trotzdem wirft sie gesunde Katzenjunge. Das bringt Data und Picard auf die Idee, wie sie ein Heilmittel entwickeln können. Die Crew und Spot werden gerettet.

Spot wird von Data sehr umsorgt und geliebt. Muss der Android von Bord, bestimmt er jeweils einen Katzensitter, dem er genaue Anweisungen gibt. Data verfasst sogar eine »Ode an Spot«, deren Text allerdings von den Besatzungsmitgliedern eher mit gemischten Reaktionen aufgenommen wird.

Als im Jahr 2371 die Enterprise in dem Film »Treffen der Generationen« auf dem Planeten Veridian III abstürzt, überlebt Spot und wird von dem weinenden Data in die Arme geschlossen. Bis zu dessen Lebensende im Jahr 2379 bleibt Spot bei ihm.

Spots Rolle wurde im Laufe der Jahre mit sechs verschiedenen rot gestromten Katzen besetzt, die sich sehr ähnelten und die von speziellen Trainern ausgebildet wurden. Von Brent Spiner, dem Darsteller des Data, wird allerdings behauptet, dass er Katzen gar nicht liebt.

Ich bin fasziniert von deinem vielfältigen schnurrenden Ton, eine einzigartige Entwicklung von Katzenkommunikation, durch die du deine prinzipielle hedonistische Vorliebe unterstreichst, wodurch du ein rhythmisches Streicheln deines Felles aus Zuneigung erreichst. 2. Strophe der »Ode an Spot«, aus: »TNG: In den Subraum entführt«

98 Suki
Agility für die Katz

Wer behauptet, der aus England stammende und sehr beliebte Agility-Sport sei nur etwas für Hunde, der irrt. Und der kennt Suki aus dem schönen Chocen in Tschechien nicht. Gemeinsam mit ihrer 17-jährigen Trainerin beweist sie allen Zweiflern, zu was Katzen in der Lage sind – wenn sie wollen …

Ihre ersten Trainings absolvierte sie mit drei Monaten. Heute fegt die am 16. August 2012 geborene Schildpattkatze wie ein Wirbelwind durch Parcours mit Tunneln, Leitern, Slalomstangen und Reifen und springt mit Begeisterung über kniehohe Hindernisse.

Dabei kommt Suki ihr quirliges Wesen sehr zugute. Sie ist auch außerhalb der Trainingsstunden immer auf Achse. Sie liebt es, draußen zu sein, auf Bäume zu klettern und als ausdauernde Jägerin auf die Pirsch zu gehen. Darüber hinaus ist sie, laut ihrer Trainerin, sehr verfressen, anhänglich und verschmust. Besonders anziehend findet sie Ohrläppchen samt dazugehöriger Ohrringe, und manchmal ist es nahezu unmöglich, sie in ihren Liebesbekundungen zu stoppen.

Ziel der klassischen Hunde-Agility ist die fehlerfreie Bewältigung einer Hindernisstrecke in einer vorher festgelegten Zeit. Dabei bestehen die Parcours aus bis zu 20 unterschiedlichen Hindernissen. Für Suki nutzt die Trainerin größenangepasste Hindernisse.

Die Führungstechnik ist die gleiche. Suki und ihre Trainerin halten während der Übung Blickkontakt, die Trainerin zeigt mit knappen Gesten, wohin Suki laufen und was genau sie machen soll. Am Ende gibt es eine Belohnung in Form eines Leckerchens.

Dabei sah es eine Zeit lang so aus, als ob Sukis anfängliche Erfolge im Training nicht von Dauer sein würden. Im Alter von acht Monaten wurde sie kastriert und zeigte starke Wesensveränderungen. Es dauerte eine Weile, bis sie wieder zu alter Form auflief und vor allem wieder Spaß an der Sache bekam. Denn darum geht es beim Agility in der Hauptsache – egal, ob Hund oder Katze.

99 _ Tama
Die Stationsvorsteherin

Zu ihrer Beerdigung im Juni 2015 kamen über 3.000 Menschen, nationale Fernsehstationen und internationale Presse berichteten über ihr Ableben. Sie alle wollten der berühmtesten Katze Japans die letzte Ehre erweisen.

Die 16-jährige Tama hatte in ihren acht Dienstjahren als Vorsteherin des kleinen Bahnhofs in Kishigawa nicht nur den Fortbestand des Bahnhofs gesichert, sondern durch ihre menschenfreundliche Art Starstatus erlangt.

Ihre Arbeit trat Tama 2007 an, zu einem Zeitpunkt, als die finanzielle Situation der Kishigawa-Bahnlinie alles andere als rosig aussah. Bis dahin lebte sie ein normales Katzenleben bei Toshiko Koyama, dem Inhaber des dortigen Lebensmittelladens, der gleichzeitig auch als Bahnhofsvorsteher in dem ruhigen Ort fungierte.

Mit Tamas Dienstantritt sollte sich das schlagartig ändern. Ausgestattet mit einer eigenen Dienstmütze begrüßte Tama ab diesem Tag die Fahrgäste am Eingang des Bahnhofs und ließ sich mit ihnen fotografieren. Diese nutzten die Gelegenheit, sich mit der dreifarbigen Tama zusammen zu zeigen, sehr gerne und in großer Zahl. Gelten Schildpattkatzen, japanisch Mi-Ke 三毛, dort doch als besondere Glücksbringer.

Immer mehr Reisende fanden den Weg zu Tama, und bereits im ersten Jahr konnte von Flaute nicht mehr die Rede sein. Ganz im Gegenteil. Pro Jahr werden mittlerweile über zwei Millionen Passagiere verzeichnet. Der Bahnhof konnte im Jahr 2010 großzügig renoviert werden: Das Dach erhielt die Form eines Katzenkopfes, Toshiko Koyamas Lebensmittelladen erfuhr eine Modernisierung, und ein Tama-Souvenir-Shop wurde eröffnet. Tama wurde mehrfach befördert, zuletzt 2013 zur Vize-Präsidentin der Bahngesellschaft. 2012 erhielt sie eine »Angestellte« namens Nitama, die das Handwerk von ihr erlernen sollte. Nach ihrem Tod 2015 wurde Tama zu einer Nekogami-Gottheit erhoben und mit einem Schrein geehrt.

Tipp Nitama ist Mo, Di und Fr an der Idakiso, Sa und So an der Kishi Station jeweils von 10–16 Uhr anzutreffen. Mehr Informationen unter www.wakayamakanko.com.

100 Tibbles

Wie ein Kater eine ganze Tierart ausrottete

Katzen jagen neben Mäusen und Ratten auch Vögel. Das ist für alle Tierfreunde inklusive der Katzenbesitzer sehr unerfreulich, hat aber in den allermeisten Fällen keine größeren Folgen für die Ökosysteme. Es sei denn, man befindet sich auf einer kleinen Insel von wenigen Quadratkilometern vor der Nordküste Neuseelands. Dort lebten die Stephens-Island-Zaunkönige. Dieser Singvogel hatte sich in der ökologischen Nische eingenistet, die in anderen Teilen der Welt von den Mäusen besetzt war.

Die Zaunkönige auf Stephens Island waren die letzten ihrer Art, nachdem sie auf dem Festland bereits völlig ausgerottet waren. Dort konnte man allerdings nicht den Katzen die Schuld zuschieben, sondern hier waren es die von den Seefahrern eingeschleppten Ratten, die den flugunfähigen Vögeln den Garaus machten.

Bis ins Jahr 1894 lebten die Stephens-Island-Zaunkönige auf dem Inselchen in friedlicher Harmlosigkeit. Doch dann wurde ein Leuchtturm errichtet, und mit dem Wärter David Lyall zog auch dessen Kater ein: Tibbles.

Erwartungsgemäß dauerte es nicht lange, und Tibbles entdeckte die Stephens-Island-Zaunkönige. Er jagte, fing und tötete sie, wo er sie nur fand. Und das war buchstäblich auf Schritt und Tritt. Brav brachte er einige seiner Opfer zu seinem Herrchen. Ihr merkwürdiges Aussehen war schließlich der Grund, dass sie der Wissenschaft vorgestellt wurden.

1895 erhielt die Gattung den lateinischen Namen Xenicus lyalli, nur um kurze Zeit später bereits für ausgestorben erklärt zu werden. Tibbles Name spielte in diesem Zusammenhang eine sehr unrühmliche Rolle.

Erst im Jahr 2004 erhielt Tibbles eine teilweise Rehabilitation, als zwei Wissenschaftler in einer Untersuchung feststellten, dass das Aussterben vermutlich auch ohne den Kater innerhalb der nächsten drei Jahre geschehen wäre und er die Sache nur beschleunigt hatte.

Tipp Stephens Island liegt in den Marlborough Sounds vor Neuseeland und ist wegen der starken Winde nur schwer zu erreichen. Heute leben wieder seltene Tierarten dort, die Brückenechse und der Hamilton-Frosch. Es ist anzunehmen, dass der aktuelle Leuchtturmwärter ohne Katze auskommen muss.

101 Tiger
Katz und Maus nach Art des FBI

James Bulger gehörte jahrelang zu den Top Ten der meistgesuchten Verbrecher in den USA, nach Osama bin Ladens Tod nahm er den ersten Platz ein. Geldwäsche, Bankraub, Erpressung und die Organisation illegaler Glücksspiele werden ihm vorgeworfen. Von Exilkubanern kaufte er Kokain und verkaufte es genauso erfolgreich wie Waffen. Mehr als 19 Morde wurden dem irischstämmigen Amerikaner vorgeworfen, als man ihn im Jahr 2011 endlich fassen konnte. Da ist Bulger schon über 80 und seit 16 Jahren mit seiner Freundin im Untergrund abgetaucht.

Das FBI, für das Bulger jahrelang als Informant gearbeitet hatte, hatte ihn zuvor durch die ganze Welt gejagt. Amerika, Kanada, Uruguay, Großbritannien, Costa Rica. Immer war Bulger schneller als seine Verfolger.

Die entscheidende Rolle bei seiner Festnahme aber sollte dann kein Mann des Geheimdienstes spielen. Der Held des Tages kam auf leisen Pfoten, trug keine Uniform und schon gar keine Waffe im Anschlag. Der Held des Tages war Tiger, ein ganz gewöhnlicher Straßenkater.

Tiger streifte obdachlos durch die Straßen Santa Monicas. Immer auf der Suche nach etwas Essbarem und ein wenig Schutz. Den fand er bei einer älteren, freundlichen Dame namens Heather Fein. Sie stellte ihm jeden Morgen und jeden Abend ein Schälchen mit Futter vor die Tür. Pünktlich, so wie Katzen es lieben. Dabei kam Mrs. Fein ins Gespräch mit der Nachbarin Anna Bjornsdottir, der die liebevolle Fürsorge der älteren Dame für den Kater aufgefallen war. Und wie so häufig verband die Zuneigung zu der Katze die beiden Frauen – auch wenn der Mann von Mrs. Fein das Ganze nicht so gerne sah. Er mochte wohl keine Katzen. Zu Recht, wie sich herausstellen sollte. Als am 21. Juni 2011 ein weiterer Fahndungsaufruf nach James Bulger und seiner Freundin im Fernsehen gesendet wird, erkennt die Nachbarin in Heather Fein die Gesuchte und informiert das FBI.

Tipp James Bulgers Leben lieferte die Vorlage für die von Jack Nicholson gespielte Figur des Frank Costello in dem Film »The Departed« (2006) von Martin Scorsese.

102 __ Tomba
Der Berg ruft

Reinhold Messner, Francesco Petrarca, Edward Whymper, Hans Meyer und Tomba. Fünf Männer, die eines gemeinsam haben – ihre Liebe zum Berg. Gut, wenn man korrekt sein wollte, müsste es heißen: vier Männer und ein Kater – denn das war Tomba. Was ihn aber nicht davon abhielt, die Gipfel zu stürmen.

Am 7. August 1988 blinzelte er im Berghotel Schwarenbach zum ersten Mal ins Licht der Schweizer Berge. Benannt wurde der Nachwuchs von den Wirtsleuten nach dem Skifahrer Alberto Tomba.

Sobald er einigermaßen sicher auf den Beinen war, hielt ihn nichts mehr im Hotel, und er startete seine ersten Ausflüge zum Spittelhorn. Mit wenigen Monaten schloss er sich einer Schulklasse an und kraxelte mit den Kindern auf die Wyssi Flue. Sehr zum Unmut der Schwarenbachwirtin, die sich große Sorgen um ihren kleinen Kater machte und mehr als einmal losfuhr, um ihn wieder einzusammeln.

Erst als ein Bergsteiger ihr berichtete, Tomba sei ihm bis auf den Gipfel des Rinderhorns (3.453 Meter) gefolgt, begriff sie, dass ihr Schützling den Ruf der Berge gehört hatte. Für ihn war der Aufstieg nur ein Katzensprung. Und um seine Sicherheitsausrüstung musste sie sich ebenfalls keine Sorgen machen, hatte er die Steigeisen doch praktischerweise bereits eingebaut.

Viele Touren folgten, und oft bezog der Kater sein Basislager am Gletscherrand, um dort auf die nächsten Bergsteiger zu warten.

Seine Leidenschaft wurde schnell über die Landesgrenzen hinaus bekannt. In Japans Bergsteigerbuch erhielt er eine Doppelseite, europäische Zeitungen berichteten über ihn, und das Schweizer Fernsehen widmete ihm eine eigene Reportage. Legendär wurde sein Ruf, als er ein Ehepaar hinter einen großen Felsen »lockte« und sie so vor einer Lawine schützte.

Am 17. Januar 1993 musste Tomba mit viereinhalb Jahren eingeschläfert werden, weil er an sogenanntem Katzen-Aids, dem unheilbaren Immundefizienz-Virus (FIV), litt.

Tipp Tombas ehemaliges Zuhause ist auch heute noch ein guter Ausgangspunkt für zahlreiche Steigrouten: Hotel Schwarenbach, Familie Stoller-Wehrli, 3718 Kandersteg, Schweiz.

103 — Tommasino
Vom Streuner zum Millionär

Ob die alte Dame, die dem streunenden Kater seinen Namen gab und ihn zu ihrem Lieblingshaustier auserkor, dabei an das filmische Vorbild gedacht haben mag, ist nicht bekannt. Vielleicht erinnerte sie der schwarze Rumtreiber ja an Don Tommasino, den Freund Vito Corleones aus dem Film »Der Pate«? Wir wissen es nicht und werden es auch nie erfahren, denn dieses Geheimnis hat Maria Assunta mit ins Grab genommen, als sie 2011 im hohen Alter von 94 Jahren verstarb.

Irdische Güter hatte sie reichlich besessen. Eine großzügige Villa, Wohnungen in Rom und Mailand, gut gefüllte Bankkonten und Aktienpakete sowie Landflächen in Kalabrien. Aber sie war allein, es fehlte an lebender Verwandtschaft, die dieses beeindruckende Erbe antreten konnte. So entschloss sich Signora Maria Assunta, alles ihrem Kater zu hinterlassen. Aus Tommasino, dem Streuner, wurde mit ihrem letzten Atemzug Tommasino, der Zehn-Millionen-Euro-Kater.

Nun geht in Italien ja viel, aber nicht alles. Und das war der Pferdefuß an der Sache. Oder sollte man besser sagen die Katzenpfote in der heißen Milch? Nach italienischem Recht sind Tiere, und das ist Tommasino unbestreitbar, nicht erbberechtigt. Das hatte natürlich auch Maria Assunta gewusst und wie vermutlich viele Male in ihrem Leben zuvor klug vorgebaut. Eine wohltätige Organisation, die sich im Sinne der Verstorbenen um ausgesetzte Tiere kümmert, sollte das Vermögen erhalten. Die Anwälte der alten Dame hatten den Auftrag, sich um die Angelegenheit zu kümmern. Es meldeten sich viele Tierschützer, aber die Vorgaben, die sie zu erfüllen haben, sind streng. Bis eine passende Organisation gefunden ist, versorgt die ehemalige Krankenschwester der alten Dame Erbe und Kater, die bis dato nichts von dem Reichtum wusste. Tommasino aber kratzt das alles nicht. Er ist zufrieden mit einem Schälchen Milch, einem bequemen Platz unter der Sonne Roms und seinen Lieblingsleckerchen.

Tipp An der Via de Torre Argentina mitten im historischen Zentrum Roms arbeiten ehrenamtliche Helfer aus verschiedenen Ländern in einem Heim für Katzen, um den Streunern Roms medizinische Versorgung zu geben. Das Heim finanziert sich ausschließlich über Spenden. www.romancats.com

104_ Towser
Towser the Mouser

28.899 erlegte Mäuse. Das ist ein stolzes Ergebnis. Rechnet man diese Menge auf Towsers gesamte Lebenszeit von fast 24 Jahren um, dann ergibt das im Durchschnitt 3,3 Mäuse pro Tag. Das fand auch das Guinnessbuch rekordverdächtig und verlieh der langhaarigen Schildpattkatze den Titel »Fleißigste Katze aller Zeiten«. Animal Planet zählte sie sogar zu den neun blutrünstigsten Katzen.

Allerdings fand Towser auch ideale Jagdbedingungen vor. Ihr Revier war bis zu ihrem Tod am 20. März 1987 die Glenturret-Destillerie, Schottlands älteste noch produzierende Whisky-Destillerie. Hier wurde sie im Stillhouse zwischen den Destillen geboren und trat schon bald ihren »Dienst« an.

Die schier unerschöpflichen Vorräte an Getreide, dem Grundstoff für die Whiskyherstellung, sind ein Schlaraffenland für Mäuse. Towsers Jagdeifer machte dem paradiesischen Zustand schnell ein blutiges Ende. Ihre Beutezüge gingen über das normale Maß so weit hinaus, dass es auch der Belegschaft auffiel, und der Destillenmeister beschloss, Buch zu führen. Dabei achtete er sehr genau darauf, nur die Mäuse zu zählen. Ratten und anderes Getier wurde zwar ebenfalls pflichtgetreu abgeliefert, fand aber keinen Eingang in die Liste.

Als Beschützerin der Kornvorräte fand die Katze vor 10.000 Jahren zum Menschen – oder besser gesagt, der Mensch versuchte dieses nützliche Tier mit Milch und anderen Leckereien zum Bleiben zu überreden. Dieser uralten Aufgabe gehen heute die Destillerie-Katzen in den traditionellen Destillerien Großbritanniens noch nach. Einige von ihnen erlangen wie Towser Berühmtheit. So auch Smocky. Er schaffte es als eine der sieben schönsten Katzen in den »Literary Cat Calendar 2000« und wurde zum Thema eines Gedichts von Robert Laing.

Towser zu Ehren wurde nach ihrem Tod ein Denkmal vor der Glenturret-Destillerie errichtet, auf dem ihr Lebenswerk bis heute dem staunenden Besucher präsentiert wird.

Adresse The Glenturret Distillery, The Hosh, Crieff PA7 4HA, Vereinigtes Königreich, http://experience.thefamousgrouse.com | **Tipp** Destillerie-Katzen sind in Deutschland nicht sehr weit verbreitet. In der ältesten deutschen Whisky-Destillerie versieht ein Hund seinen Dienst.

105_ Trim

Einmal um Australien und die Welt

Trim wurde nicht nur 1799 auf einem Schiff, der HMS Reliance, sondern ganz eindeutig ausschließlich für die Schifffahrt geboren. Mehrere Versuche, ihn auf dem festen Land sesshaft zu machen, scheiterten. Als Gefährte des englischen Forschungsreisenden Matthew Flinders blieb ihm vielleicht auch nichts anderes übrig.

Flinders schätzte Trim sehr und verfasste über ihn »A Biographical Tribute to the Memory of Trim«. Der Text war lange Zeit verschollen, wurde aber Anfang der 70er Jahre im Londoner National Maritime Museum durch Zufall entdeckt und 1973 veröffentlicht. Ein Zeitzeugnis über das Leben als Schiffskatze und Flinders Zuneigung zu seinem Kater.

Trim wird als schwarzer Kater mit weißen Söckchen, einem weißen Stern auf der Brust und einer weißen Unterlippe beschrieben. Stattlich ist er gewesen, was nicht zuletzt daran gelegen haben mag, dass er bei Tisch Leckerbissen von den Matrosen nicht nur erbettelte, sondern sich auch von deren Gabeln fischte. Die kräftige Statur hielt ihn aber nicht davon ab, beim entsprechenden Befehl mit in die Wanten zu steigen und oft als Erster oben anzukommen. Dass er auch ein herausragender Mauser war, versteht sich von selbst.

Gemeinsam mit Flinders segelte Trim ab 1801 auf der Investigator an der Südküste Australiens entlang bis zur Encounter Bay. Spätere Reisen führten die beiden an die Ost- und Nordküste. Mit der Entdeckung der Durchfahrt im Norden der Prinz-Wales-Inseln hatten Flinders und Trim als Erste Australien ganz umsegelt.

Nach diesem Erfolg blieb ihnen das Glück aber nicht treu. Auf der Rückfahrt nach England erlitten sie Schiffbruch, und Flinders wurde unter Spionageverdacht auf Mauritius verhaftet. Trim verschwand während der Haft und wurde trotz intensiver Suche und in den Zeitungen ausgelobtem Finderlohn nicht wiedergefunden. Flinders verfasste einen Nachruf auf Trim und gedachte des Katers sein Leben lang.

106 Trixie
Zum Dank ein Porträt

Sich mit den Mächtigen der Welt anzulegen ist im Laufe der Geschichte schon vielen zum Verhängnis geworden. Henry Wriothesley, der dritte Earl of Southampton, suchte sich sogar eine besonders harte Gegnerin aus. Gemeinsam mit dem Grafen von Essex gründete er einen Geheimbund, um Elisabeth I. von England zu stürzen. Das erwies sich schnell als größter Fehler seines Lebens, und er wurde zum Tode verurteilt. Erst kurz vor seiner Hinrichtung begnadigte ihn die Königin und wandelte das Urteil um in eine lebenslange Haft im Tower von London.

Im Jahr 1601 trat Wriothesley seine Haftstrafe an. Seine Katze Trixie machte sich angeblich vom Southampton House, dem Stadtsitz des Earls, über die Dächer Londons auf, um ihren Herrn zu finden. Sie kletterte durch den Kamin, bis sie schließlich in seiner Zelle war, und leistete ihm fortan dort Gesellschaft.

Realistischer erscheint allerdings die Variante, Wriothesleys Ehefrau habe die Katze in die Zelle geschmuggelt, damit ihr Mann in den endlosen Stunden der Gefangenschaft nicht allein sein musste und dem Wahnsinn aus Einsamkeit verfiel.

Trixie und Wriothesley blieben im Tower, bis im Jahr 1603 Königin Elisabeth I. starb und Jakob I., König von Schottland, auch den englischen Thron bestieg. Der neue König begnadigte Wriothesley aus politischen Gründen und gab ihm seine Titel und Ämter zurück. Aus Dankbarkeit für ihre Treue ließ Henry Wriothesley von John de Critz dem Älteren ein Porträt von sich und Trixie anfertigen.

Wriothesley setzte seine Förderung der schönen Künste, die er bereits vor seiner Verhaftung betrieben hatte, fort und wurde der Mäzen des Dichters William Shakespeare. Darüber hinaus beteiligte er sich als Direktor der Virginia Company an der Erschließung der amerikanischen Kolonie Virginia.

Wer weiß, ob er zu alldem noch in der Lage gewesen wäre, hätte die treue Trixie ihm nicht im Tower Gesellschaft geleistet.

107_Ur-Katze

Halb zog sie ihn, halb sank er hin

Wie und wann konnten Mensch und Katze im Laufe der Geschichte überhaupt zusammenkommen? Darauf hat die Wissenschaft – anders als bei den Hunden – bis heute keine befriedigende Antwort gefunden. Eines scheint klar: Am Anfang war die Maus – und zwar in den Kornspeichern der Menschen, die gerade den Ackerbau für sich entdeckt hatten. Dieser reich gedeckte Tisch zog die Nagetiere und damit auch ihre Fressfeinde, die Katzen, an. Bereits für das Jahr 9500 vor Christus lässt sich ein Zusammenleben nachweisen. Französische Archäologen entdeckten ein Grab in der zypriotischen Siedlung Shillourokambos, in dem Katze und Mensch nebeneinander bestattet worden waren.

Mehr über das Wie der Wohngemeinschaft sagen Grabungsfunde der jungsteinzeitlichen Siedlung Quanhucun aus. Hier in China lebten vor etwa 5.500 Jahren Katzen mit den Yangshao-Menschen. Diese hielten Schweine, bauten Hirse an und züchteten Seidenraupen. Die Wissenschaftler analysierten die Knochen der Katzen und fanden anhand von Kohlenstoff- und Stickstoffisotopen heraus, dass die Katzen sich von Hirse ernährt hatten. Getreide gehört aber nicht zum natürlichen Speiseplan. Diese Katzen waren also Hauskatzen, die von den Menschen gefüttert wurden. Dabei wurden die Tiere nicht nur geduldet, sondern auch im Alter versorgt. Das zeigt der Knochenfund einer alten Katze.

Was den Übergang von der Wild- zur Hauskatze angeht, ist man wegen der wenigen archäologischen Funde nicht sicher. Zwischen den Funden auf Zypern und denen in China klafft eine große zeitliche Lücke. Allerdings konnten DNA-Untersuchungen die nordafrikanische Falbkatze als Vorfahrin aller domestizierten Katzen bestimmen. Angelockt und zum Bleiben überredet von den fetten Mäusen in den Speichern. Trotzdem gilt bis heute: Katzen sind unabhängige Tiere. Sie gewähren ihre Gunst. Und wenn am Ende jemand jemanden besitzt, dann sicher nicht der Mensch die Katze.

Tipp In Hacilar, Türkei, wurden 7.000 Jahre alte Frauenfigurinen gefunden, die Katzen im Arm halten.

108 Vasja

Hüter der Kunstschätze

Friedrich der Große musste wegen kriegsleerer Kassen auf den Kauf von 225 Gemälden verzichten. Ein schlechter Handel für den Berliner Kunsthändler Johann Ernst Gotzkowsky – bis Katharina die Große, Zarin des Russischen Reiches, für ihren königlichen Kollegen einsprang und die Bilder als Grundstock für eine eigene Sammlung erwarb. Ein Jahr später gelang ihr ein weiterer Coup. Die Sammlung des Grafen Brühl erstand sie für 25.000 Taler unter dem geschätzten Wert. 1.000 Bilder machten sich auf den Weg nach St. Petersburg und wurden in ihrer Residenz ausgestellt. Im Laufe der Jahre vergrößerte sie ihre Kunstsammlung immer mehr, sodass bald der Platz nicht mehr ausreichte und weitere Gebäude gebaut wurden.

Doch bevor die Bilder kamen, waren bereits ihre zukünftigen Wächter eingezogen. Im Jahr 1747 erließ die Kaiserin den Befehl, »jagdwillige Hauskatzen« in ihren Palast bringen zu lassen. Ihre Diener gehorchten und holten eine Schar Russisch-Blau-Katzen aus Kasan in den Zarensitz. Diese durften sich in den Ausstellungsräumen der Eremitage frei bewegen und dort ihrer Mäuse- und Rattenjagd nachgehen.

Im Laufe der nächsten Jahrzehnte und Jahrhunderte erfuhren die Katzen der Eremitage die wechsel- und oft leidvolle Geschichte des Russischen Reiches am eigenen Leibe. Zum Ende des Zweiten Weltkrieges waren alle Gemälde in den Ural evakuiert, und die Bevölkerung litt unter Hungersnöten und aß, was essbar schien. Am Ende dieses Krieges lebte keine der Katzen mehr.

Heute sind die Katzen wieder da und werden seit 1995 liebevoll versorgt. Mit der Aktion »Ein Rubel für eine Katze« wird Geld für die Versorgung gesammelt. Ein Tierarzt kümmert sich ehrenamtlich. In den Kellern des Museums stehen Kratzbäume, liegen Wolldecken auf Heizungsrohren, und die Katzen sind, wie ein Gastkünstler des Museums sagte, »… die Seele des Gebäudes …«. Und Vasja, der alte Kater? Der ist natürlich auch dabei.

Adresse Eremitage Museum, Palace Square, 2, St. Petersburg, Russland, 190000

109 __ Weltkatzentag
Der Tag, den es nicht gibt

Der Weltkatzentag ist wie der Yeti. Eigentlich gibt es ihn gar nicht, trotzdem reden, schreiben und senden alle darüber. Dieser nicht existente Gedenktag wird jährlich am 8. August begangen.

Wo genau er nun herkommt, dieser Tag, dem noch nicht einmal mehr ein eigener Wikipedia-Eintrag vergönnt ist, vermag niemand genau zu sagen. So wurde am 4. August 2001 um 16 Uhr vom Nutzer Pumpe69 der Eintrag mit der Begründung »Der Eintrag 8. August Internationaler Katzentag ist ein Fake = gelöscht« herausgenommen.

Der Urheberschaft verdächtigt werden der International Fund for Animal Welfare und die Tiertafel, alternativ eine Bloggerin aus dem pfälzischen Haßloch. Die ersten beiden bestreiten, die Idee aus der Taufe gehoben zu haben, für die Bloggertheorie finden sich keine Beweise.

Wie dem auch sei, am »Weltkatzentag der Herzen ohne offizielle Genehmigung« finden eine Menge Aktionen statt, die den Katzen in aller Welt nutzen sollen. Der WWF und Pro Wildlife weisen an diesem Tag auf bedrohte Wildkatzenarten hin, und die Schutzorganisationen machen auf die Diskussion zur Kastrationspflicht und das Elend der Straßenkatzen aufmerksam.

Auch die Haustierindustrie nutzt den Anlass gerne, um gezielt Katzenliebhaber als Käuferschicht zu gewinnen.

In Amerika ist die Katzenszene bereits ein Stück weiter und kann mit zwei Katzentagen aufwarten: Der World Spay Day wurde 1995 von der Doris Day Animal League (DDAL) ins Leben gerufen, um die Notwendigkeit von Kastrationen und Sterilisationen aufzuzeigen. Die DDAL spricht dabei allerdings allgemein von Haustieren, besonders aber von streunenden Katzen und Hunden. Der 29. Oktober wurde von der Lifestyle-Expertin und Tierliebhaberin Colleen Paige zum National Cat Day erklärt.

Ob es ihn nun gibt oder nicht, diesen Yeti unter den Feiertagen, ist für einen Katzenbesitzer eigentlich völlig unwichtig. Mit einer Katze an der Seite ist jeder Tag ein Feiertag.

110 Williamina

Die Katze als Schreibblockade

Logierte mal im nämlichen Hause mit 'nem solchen Pastetenbäcker. War ein durchtriebener Kunde, und 's gab nichts, aus dem er nich Pasteten machen konnte, 'ne Unzahl Katzen halten Sie da, Mr. Brooks‹, sagte ich mal im Vertrauen zu ihm. Im ersten Buch des Schriftstellers Charles Dickens, das als Fortsetzungsroman von März 1836 bis Oktober 1837 in 20 Teilen veröffentlicht wurde, erleiden einige Katzen ein sehr unschönes Schicksal – sie wandern in die Pastete. Trotz dieses unappetitlichen Details begründete »The Posthumous Papers oft the Pickwick Club« den literarischen Ruhm des englischen Autors.

Ob das der Grund für das spätere Verhalten seiner Hauskatzen war, sei einmal dahingestellt, es als kleine Rache zu interpretieren wäre allerdings sehr verlockend.

Dickens' Töchter Mary und Charlie berichten in ihren Erinnerungen an ihren Vater von Williamina, dem Geschenk eines Londoner Freundes an Mary. Die schneeweiße Katze entwickelte eine besondere Zuneigung zum Herrn des Hauses und suchte ständig seine Nähe. Als sie einmal Junge bekam, trug sie diese in Dickens' Arbeitszimmer. Der fühlte sich von ihrem entzückenden Anblick so in seiner Konzentration gestört, dass er die Tochter bat, die Kätzchen wieder aus dem Zimmer zu bringen. Williamina störte sich nicht daran und brachte ihre Jungen wieder in die Schreibstube. Erneut wurde die Tochter gerufen, um die Katzenfamilie zu entfernen. Beim dritten Mal legte Williamina ihre Kinder direkt zu Füßen des Schriftstellers ab, sah ihn mit flehendem Blick an und hatte gewonnen.

Die Kätzchen genossen ab diesem Moment Narrenfreiheit, nutzten Vorhänge und Bücherregale für Kletterübungen und tobten um die Füße des Dichters, bis es einige Wochen später Zeit wurde, ihnen ein neues Zuhause zu suchen.

Darüber, wie viele spannende Geschichten wegen dieser Katzenkinder nicht geschrieben wurden, kann nur spekuliert werden.

Tipp Ein Kätzchen aus diesem Wurf blieb im Hause und wurde der treue Gefährte des Dichters. Wollte es Aufmerksamkeit, drückte es mit seiner Pfote die Kerze aus, in deren Schein Dickens arbeitete.

111_ Zum Schluss
Die Katzen der Autorin

Jede einzelne von ihnen war und ist wunderbar, einzigartig und phänomenal. Hochbegabt, clever und ungeheuer liebenswert sowieso. Jede, die ging, wurde betrauert und hinterließ eine große Lücke in meinem Herzen.

Man könnte ganze Bücher darüber schreiben. – Was ich sogar bereits gemacht habe – meine Eifel-Kommissarin Ina Weinz besaß einen Kater namens Hermann, dessen Alter Ego einer meiner Kater war. Und auch Herr Hoppenstedt aus »Kraut und Rübchen« hat ein sehr reales Vorbild.

Meine Fellnasen sind also Grund und Inspirationsquelle für die 111 Katzen und gehören deswegen unbedingt in dieses Buch:

Jessy (1989 – 2002) und Charlie (1990 – 2003)
Die Perser-Schwestern waren meine »ersten«. Sie mussten mit durchs Studium, sind sechs Mal mit mir umgezogen und zeigten sich auch ansonsten sehr langmütig. Nur bürsten lassen wollten sie sich nicht, was zu regelmäßigen Scheraktionen auf dem Badewannenrand führte. Danach sahen wir alle immer sehr mitgenommen aus. Auch das Badezimmer.

Heinz (1992 – 2010)
Lag eines Tages mit seinen beiden Brüdern im Gebüsch hinter meinem Wohnzimmerfenster. Winzig klein, die Augen noch nicht geöffnet. Als ein Nachbar nach ein paar Stunden die überfahrene Mutter auf der Straße fand, habe ich die drei reingeholt. Otto und Ernst fanden tolle Familien, Heini durfte bei mir bleiben. Fast 19 wunderbare Jahre.

Kimmi (1996 – 2012)
Sie sollte eine neue Spielkameradin für Heini werden, aber die beiden waren wie Feuer und Eis. So wohnte Kimmi schließlich draußen in ihrer eigenen kleinen Katzenvilla, durchstreifte ihr Revier und ließ sich durch nichts in ihrer Freiheit einschränken.

Charly

Heini

Jessy

Kimmie

Hermine

Jones

Herr Bert

Kai-Günther

Steffi

Herbert

Herbert (*2012)
Sabberte und stank während der Fahrt aus dem Tierheim so sehr, dass ich schon dachte, ich hätte ein Stinktier statt eines Katers im Auto. Diesen Irrtum konnte er aber durch seine liebenswerte Art schnell aus der Welt räumen. Nur ins Auto bekomme ich ihn immer noch nicht.

Herr Bert (2012–2013)
Herberts kongenialer Kumpel schreckte vor nichts zurück. Auch nicht vor »Stöckchen holen«, »Sitz, Platz und Männchen«. Er ging auf unser Bitten hin die Kinder wecken und beherrschte den Lichtschalter. Er hätte auch die Sache mit der Kühlschranktür hinbekommen. Früher oder später. Aber leider gab es kein Später für ihn, weil er mit nur 17 Monaten an FIP erkrankte.

Hermine (*2012)
Die Königin. Die Prinzessin. Die Schönheit. Die Diva. Neben ihr durften keine anderen Katzen sein. Nicht draußen und erst recht nicht im Haus. Es dauerte lange, bis wir uns entschieden, ihr einen Platz als Einzelprinzessin zu suchen. Heute ist sie glücklich – und wir auch.

Steffi (*2013) und Jones (2013–2015) machten mich im Winter 2013 zur Pflegestellenversagerin. Mit sechs Wochen nur auf Zeit aufgenommen, brachte ich es nicht übers Herz, sie wieder abzugeben. Benannt nach der Fußballerin, weil sie selbst wie kleine Fußbälle aussahen, durften sie bleiben und wuchsen zu wunderbaren Katzen mit eigenem Charakter heran. Jones wurde kurz vor seinem zweiten Geburtstag sein unstillbarer Abenteuerdrang zum Verhängnis.

Kai-Günther (*2015)
Der Zehnte im Bunde und wie meine Erste ein »Roter«. Wir werden sehen, was das Leben ihm bringt und welche Überraschungen er für uns in petto hat. Eines ist jetzt schon klar – er hat den größten Appetit von allen.

Bildnachweis

1. Acater – IStockIstockphoto.com/gric
2. Ahmedabad – Foto: Nadine Buranaseda; Katze: Curasue – mit freundlicher Genehmigung
3. Aoshima – Foto: Franziska Emons – mit freundlicher Genehmigung
4. Armellino – Bild: Giovanni Reder; Öl auf Leinwand, 1750
5. Azraël – © Peyo 2015 – Licensed through I.M.P.S. (Brussels), www.smurf.com
6. Bastet – Zeichnung: Olivia Ozelton; Layout: Nina Schäfer – mit freundlicher Genehmigung; Hintergrund: Shutterstock.com/M. Unal Ozmen, shutterstock.com/ARCHITECTEUR
7. Blau Miau – Skulpturen und Fotos: Carin Grudda; www.carin-grudda.de – mit freundlicher Genehmigung
8. Bob der Streuner – Foto: © Magnus Skaarup; Katze: Bob (mit James Bowen) – mit freundlicher Genehmigung
9. BUB – © Lil BUB, courtesy of www.lilbub.com
10. Bygul und Trjegul – Fotolia.com/rook76
11. Cat o'nine tails – Foto: Adolf Loeser / Original 1. Kölner Piraten von 1968 k.e.V. – mit freundlicher Genehmigung
12. Catwoman – Fotolia.com/konradbak
13. CC – Copy Cat – Foto: Larry Wadsworth; Katze: CC-Copy Cat – mit freundlicher Genehmigung der Texas A&M University
14. Chat Noir – Bild: Théophile-Alexandre Steinlen 1859–1923; Tournée du chat Noir de Rudolphe Salis (1. Fassung), Frankreich 1896, Charles Vernaux, Paris; Farblithografie 138 x 99,5 cm; DPM 8015 © Museum Folkwang Essen – ARTOTHEK– mit freundlicher Genehmigung
15. Chico – Foto: Familie Hofbauer; Katze Chico – mit freundlicher Genehmigung
16. Choupette Lagerfeld – Fotolia.com/grafikplusfoto
17. Commissaire Mazan – Shutterstock.com/Olga Selyutina
18. Delilah – Foto: unbekannt; Katze: Delilah – der bzw. die Urheber dieser Bilder konnten trotz sorgfältiger Recherche nicht ermittelt werden. Wir bitten diese, sich ggf. beim Verlag zu melden. Hintergrund: depositphoto.com/tomert
19. Dewey Readmore Books – Foto: © Vicki Myron; Katze Dewey – mit freundlicher Genehmigung
20. Dinah – Foto: Gisela Balzer; Katze: Moritz – mit freundlicher Genehmigung
21. Duetto buffo di due gatti – Foto: Toni Schröttner; Katzen: Mina und Momo/ Marianne Schwimmbeck; www.schroettner-eventfotografie.de – mit freundlicher Genehmigung
22. El gato muerto – Foto: Matthias Rethmann, Katzen: Iljano; tierphoto-nrw, Münster; www.tierphoto-nrw.de – mit freundlicher Genehmigung
23. Emil, der rote Kater – Foto: Irene Grill; Katze: Emil; www.facebook.com/EmilDerRoteKater

24. Emissary Cats – Skulptur: Laura Ford, Emissary Cat, 2013, Bronzeguss, ex.1/2, 225 x 90 x 300 cm; Installation in Kloster Eberbach, 2014; Abbildungen courtesy Galerie Scheffel, Bad Homburg, & Künstlerin – mit freundlicher Genehmigung
25. Europäische Wildkatze – Foto: Helmut Grabe; mit freundlicher Genehmigung des Nationalparks Eifel, 53937 Schleiden; www.nationalpark-eifel.de
26. Félicette – mauritius images/United Archives
27. Felis – Bild: Johann Elert Bode, Uranographia sive astrorum descriptio, (1801), Ausschnitt aus Tafel XIX
28. Felix – Foto: Tierschutzverein für Berlin (TVB); www.tierschutz-berlin.de – mit freundlicher Genehmigung
29. Felix the Cat – picture-alliance / Mary Evans Picture Library
30. Felix wird Pionier – Zeichnung: Joachim Nusser, erschienen am 04.08.1957, Seite 12; mit freundlicher Genehmigung der Leipziger Verlags- und Druckereigesellschaft mbH & Co. KG, Leipzig.
31. Findus – Foto: Markus Gertz; Katze: Findus – mit freundlicher Genehmigung
32. Frank and Louie – picture alliance/ASSOCIATED PRESS/Steven Senne
33. Fräulein Sinner – Foto: Isa Lange; Katze: Fräulein Sinner – mit freundlicher Genehmigung der Stiftung Universität Hildesheim
34. Fritz – Foto: Helge Schneider; Katze: Fritz; CD-Cover Helge Schneider & Hardcore: Katzeklo und extra für dich: mit dem Auto durch »Flora und Fauna« (1993) – mit freundlicher Genehmigung
35. Garfield – © 2016 PAWS, INCORPORATED. ALL RIGHTS RESERVED. »GARFIELD« and the »GARFIELD Charakters« are trademarks of Paws, inc.
36. Grinse-Katze – mauritius images/United Archives
37. Heidi – Foto: Daniel Raifura; Katze: Heidi – mit freundlicher Genehmigung
38. Hexenkatzen des Mittelalters – Foto: Elke Pistor; Katze: Herbert
39. Gestiefelter Kater – Bild: Carl Offterdinger (1829–1889)
40. Hodge – Foto mit freundlicher Genehmigung des Dr. Johnson's House, London; www.drjohnsonshouse.org – mit freundlicher Genehmigung
41. Jellylorum – Foto: Andreas Mally; Katze: Timi3; www.facebook.com/timithecat – mit freundlicher Genehmigung
42. Jock I. – oben: Jock I.; unten: Jock VI. – mit freundlicher Genehmigung des National Trust, UK; http://www.nationaltrust.org.uk/chartwell
43. John Doe – Foto: Nadja Schiffer, Katzenschutzbund Köln; Katze: Kai-Günther – mit freundlicher Genehmigung
44. Jones – Foto: Petra Busch; Katze: Merlin – mit freundlicher Genehmigung
45. Kaspar – Foto: The Savoy, London; http://www.fairmont.de/savoy-london/ – mit freundlicher Genehmigung
46. Katzencafé – Fotos: Denise Knips; Katze: Emma; www.behance.net/deniseknips // CAFE SCHNURRKE, Köln http://www.cafeschnurrke.de/ – mit freundlicher Genehmigung
47. Katzenkaffee – Shutterstock.com/trubavin
48. Katzensymphonie – Moritz von Schwind, Die Katzensymphonie – Le Chât Noir, Staatliche Kunsthalle Stuttgart – mit freundlicher Genehmigung

49. Katze im Sack – Foto: Martina Zörner; Katze: Emmi
50. Katze in Zahlen – Zeichnung: Olivia Ozelton – mit freundlicher Genehmigung
51. Kiddo – Foto: (1910) George Grantham Bain (1865-1944)
52. Kindergarten »Die Katze« – Foto: Dr. Jörg Friedrich – mit freundlicher Genehmigung
53. Kitler-Cats – Foto: Elke Pistor; Katze: Steffi
54. Kuching – Foto: Sabine Wolff – mit freundlicher Genehmigung
55. Lämmchen – Fotos: Privates Archiv der German-Rex-Zuchtfreunde, Ilona Jänicke – mit freundlicher Genehmigung. Hintergrund: depositphoto.com/Jim_Filim, depositphoto.com/natalia_vlasova
56. Larry – picture alliance/dpa/Facundo Arrizabalaga
57. Leaper – mauritius images/Alamy
58. Maneki-neko – Foto: Olivia Ozelton – mit freundlicher Genehmigung
59. Maru – © mugumogu; http://sisinmaru.blog17.fc2.com – mit freundlicher Genehmigung
60. Matilda – © The Algonquin Hotel Time Square, New York – mit freundlicher Genehmigung
61. Max (1) – Foto: Silvie Reithmeier; Katze: Max – mit freundlicher Genehmigung
62. Max (2) – Fotos: Dörte Schneider; Katze: Max; Filzkatze: Trixi Geng – mit freundlicher Genehmigung
63. Mikesch – © Augsburger Puppenkiste® – mit freundlicher Genehmigung
64. Minneke Poes – © Stad Ieper; http://www.toerismeieper.be/de/event/389/katzenumzug.html – mit freundlicher Genehmigung
65. Momo & Mogli – Foto: Andreas Freundorfer; Katzen: Momo und Mogli; mit freundlicher Genehmigung der PI ED 4 – Reiterstaffel, München
66. Mr. Lee – Foto: Jürgen Perthold; Katze: Mr. Lee – mit freundlicher Genehmigung
67. Mrs. Chippy – Foto: Frank Hurley 1915 »Mrs Chippy und Perce Blackborow«
68. Muezza – Foto: Iris Brucker; Katze: Nanju; www.cocoundnanju.de – mit freundlicher Genehmigung
69. Muschi (& Mäuschen) – Wie sich eine Katze einen Bären aufband – Foto: Zoo Berlin – mit freundlicher Genehmigung
70. Myōbu Omoto – Die fünfte Hofdame des Kaisers – Foto: Sandra Ilgaz; Katze: Mia; www.mia-fotos.de – mit freundlicher Genehmigung
71. Mysouff – Der Treue und das Biest – Foto: Matthias Rethmann, tierphoto-nrw, Münster; www.tierphoto-nrw.de – mit freundlicher Genehmigung
72. Natalie – Hinter Gittern – Katzen im Knast – picture alliance/ASSOCIATED PRESS/Rick Bowmer
73. Nedjem – Die erste Katze mit eigenem Namen – Foto: Kathrin Konopka; Katze: Jade; www.kath-fotografie.com – mit freundlicher Genehmigung
74. Newtons Katze – Foto: Elvira Kühl; Katze: unbekannt – mit freundlicher Genehmigung
75. Nora – Foto: © Burnell Yow! Katze: Nora – mit freundlicher Genehmigung

76. Orangey – © 2015 Parmount Pictures. All Rights Reserved. – mit freundlicher Genehmigung
77. Orvillecopter – Fotograf: Zefanja Hoogers, Bildrechte: Bart Jansen – mit freundlicher Genehmigung
78. Oscar (1) – picture alliance/ASSOCIATED PRESS/STEW MILNE
79. Oscar (2) – Foto: Stine Satke; Katze: Pünktchen; www.facebook.com/Stines-Lichtsicht-1613159808935427/ – mit freundlicher Genehmigung
80. Oswald – Fotos mit freundlicher Genehmigung der Smith Art Gallery and Museum, Stirling, Scotland; http://www.smithartgalleryandmuseum.co.uk/
81. Pangur Bán – Fotolia.com/Alexey Teterin
82. Der Pate – © 2015 Paramount Pictures. All Rights Reserved – mit freundlicher Genehmigung.
83. Pelle Svanslös – Foto: mauritius images/Alamy, Foto Umschlag: Mats Fromme – mit freundlicher Genehmigung
84. Pepper – Foto: Georg Nicols (1913); Hintergrund: shutterstock.com/Ensuper, shutterstock.com/Denys Po
85. Peter – Bild: Louis Wain (1860–1939)
86. Pikachu – Foto: Ted Brady; Katze Pikachu; http://www.thetravelingkitty.com – mit freundlicher Genehmigung
87. Pinkeltje – Foto: My dearest cat Pinkeltje (2003). By TINKEBELL. Courtesy TORCHGallery, Amsterdam www.tinkebell.com – mit freundlicher Genehmigung
88. Purzel – Foto: Jasmin Fernbach; Katze Purzel – mit freundlicher Genehmigung
89. Room 8 – Foto: unbekannt, ca. 1950; Katze: Room 8 – Hintergrund: shutterstock.com/Mliberra. Der bzw. die Urheber dieser Bilder konnten trotz sorgfältiger Recherche nicht ermittelt werden. Wir bitten diese, sich ggf. beim Verlag zu melden.
90. Rosie – ©Lilothehusky; www.instagram.com/lilothehusky/?hl=de – mit freundlicher Genehmigung
91. Schrödingers Katze – Foto: Bernd Diehl; Katze: Leonardo – mit freundlicher Genehmigung
92. Simba – © Stage Entertainment – mit freundlicher Genehmigung
93. Simon – Foto: unbekannt (ca. 1948); Katze Simon – Hintergrund: depositphoto.com/seregam
94. Snowball 1 – Foto: Simon Schlerf; Katze: Hemingway Anwesen – mit freundlicher Genehmigung
95. Snowball 2 – Fotolia.com/DragoNika
96. Sphinx – Fotolia.com/Panos
97. Spot – Fotolia.com/Anastasiya Berezyuk
98. Suki – Foto: Michaela Táflová: Katze: Suki – mit freundlicher Genehmigung
99. Tama – picture alliance/Kyodo
100. Tibbles – Foto: Karin Post; Katze: Fritz – mit freundlicher Genehmigung
101. Tiger – Foto: Bernd Diehl; Katze: Leonardo – mit freundlicher Genehmigung
102. Tomba – Foto: Familie Stoller; Katze: Tomba – mit freundlicher Genehmigung

103. Tommasino – Foto: Jasmin Margraf; Katze: Harald – mit freundlicher Genehmigung
104. Towser – © The Famous Grouse Experience; www.thefamousgrouseexperience.com – mit freundlicher Genehmigung
105. Trim – Foto: Rodney Burton, England – mit freundlicher Genehmigung
106. Trixie – Henry Wriothesley, 3. Earl of Southampton, 1603, im Tower, John de Critz zugeschrieben
107. Ur-Katze – Foto: Petra Busch; Katze: Fuchur
108. Vasja – © Eremitage St. Petersburg; www.hermitagemuseum.org – mit freundlicher Genehmigung
109. Weltkatzentag – Foto: Silke Falkus; Katze: Jasper; www.facebook.com/thethree.cats – mit freundlicher Genehmigung
110. Williamina – Foto: Barbara Rütten; Katze: Pepe – mit freundlicher Genehmigung
111. Zum Schluss – alle Fotos: Elke Pistor / Layout: Nina Schäfer

Danksagung

Auch wenn mein Name auf dem Buchtitel steht – allein hätte ich dieses (Benefiz-)Projekt nicht verwirklichen können. Deswegen einen ganz besonderen Dank an alle, die mit ihrer Bild-Spende dazu beigetragen haben, dass dieses Buch überhaupt möglich wurde:

Augsburger Puppenkiste, Gisela Balzer, James Bowen, Ted Brady, Mike Bridavsky, Iris Brucker, Nadine Buranaseda, Rodney Burton, Petra Busch, Café Schnurrke, Jim Davis, Bernd Diehl, Dr. Johnsons House, Eremitage St. Petersburg, Silke Falkus, Jasmin Fernbach, Andreas Freundorfer, Dr. Jörg Friedrich, Mats Fromme, Galerie Scheffel GmbH, Trixi Geng, Nina George und Jens Kramer, Familie Gertz, Helmut Grabe, Irene Grill, Carin Grudda, Therese Hofbauer, Sandra Ilgaz, Ilona Jänicke, Bart Jansen, Denise Knips, Kathrin Konopka, Elvira Kühl, Isa Lange, Leipziger Verlags- und Druckereigesellschaft mbH & Co. KG, Lilothehusky and the Bui Sisters, Adi Loeser, Andreas Mally, Mugumogu, Museum Folkwang, Vicky Myron, National Trust Chartwell, Nationalparkforstamt Eifel, Joachim Nusser, Olivia Ozelton, Jürgen Perthold, Familie Stoller-Wehrli, Kathrin Post-Isenberg, Daniel Raifura, Silvie Reithmeier, Matthias Rethmann, Barbara Rütten, Stine Satke, Nadja Schiffer, Simon Schlerf, Dörte Schneider, Helge Schneider, Schröttner Eventfotografie, Marianne Schwimmbeck, Smith Art Gallery and Museum, smurf, Staatliche Kunsthalle Karlsruhe, Stadt Ieper, Stage Entertainment, Stiftung Universität Hildesheim, Michaela Táflová, Texas A&M University, The Algonquin Hotel New York, The Famous Grouse Experience, The Savoy Hotel London, Tierschutzverein für Berlin und Umgebung Corp e.V., TINKEBELL, Larry Wadsworth, Weber Shandwick CMGRO Deutschland GmbH, Sabine Wolff, Burnell Yow!, Zoo Berlin, Martina Zörner.

Mein schnurrigster Dank geht an:
Venera Duman und Keiko Umeda für die Unterstützung bei der Kontaktaufnahme und die Übersetzungen ins Russische und Japanische.
Meine Tochter Karla für die Übersetzungen der deutschen Texte ins Englische.
Franzi Emons, Nina Schäfer und Eva Kraskes für die geduldige, überaus kreative und wunderbare Zusammenarbeit bei Fotos und Layout.
Sonja Erdmann und Michael Danhardt für das tolle Lektorat.
Das komplette Team im Emons Verlag und meinen Agenten Peter Molden für das Vertrauen in und das Engagement für die 111 Katzen.
Und wie immer zum Schluss an meine Familie: Ohne euch würde es nur halb so viel Spaß machen!

Die Autorin

Elke Pistor, Jahrgang 1967, lebt als Schriftstellerin mit Familie und drei Katzen in Köln. Dort studierte sie Erwachsenenbildung und Psychologie. 2010 erschien ihr erster Kriminalroman, dem bisher acht weitere folgten. 2014 gewann sie das renommierte Töwerland-Stipendium. 2015 wurde sie für den Friedrich-Glauser-Preis, den höchstdotierten deutschsprachigen Krimipreis, nominiert.